김명호 | 중국인 이야기 ❻

김명호 | 중국인 이야기 **6**

한길사

중국인 이야기 ❻

지은이 김명호
펴낸이 김언호

펴낸곳 (주)도서출판 한길사
등록 1976년 12월 24일 제74호
주소 10881 경기도 파주시 광인사길 37
홈페이지 www.hangilsa.co.kr
전자우편 hangilsa@hangilsa.co.kr
전화 031-955-2000~3 **팩스** 031-955-2005

부사장 박관순 **총괄이사** 김서영 **관리이사** 곽명호
영업이사 이경호 **경영이사** 김관영 **편집주간** 백은숙
편집 박희진 노유연 이한민 박홍민 배소현 임진영
관리 이주환 문주상 이희문 원선아 이진아 **마케팅** 정아린
디자인 창포 031-955-2097
인쇄 예림 **제책** 예림바인딩

제1판 제1쇄 2017년 8월 21일
제1판 제4쇄 2024년 3월 28일

값 17,000원
ISBN 978-89-356-7039-0 04900
ISBN 978-89-356-6212-8 (세트)

"꽃과 책처럼 아름다운 것도 없다.
꽃구경하는 사람과 책 보는 사람도 마찬가지다.
세상이 뭔지 깨우치려면 독서를 게을리 하지 말아야 한다.
꽃구경은 돈이 안 들지만 책에는 돈이 많이 든다."

■ 쉬터리

중국인 이야기 ❻

일러두기

중국어 인명·지명 등 고유명사는 외래어표기법 '주음부호와 한글대조표', 중국어 사전의 '병음·주음 자모대조표'에 근거해 표기했다. 20세기 이전 생물의 인명, 잡지와 신문명, 좀더 친숙하거나 뜻을 잘 드러내는 일부 용어는 우리말 한자 독음으로 읽었다.

예) 쩡궈판 → 증국번, 런민르바오 → 인민일보, 이허위안 → 이화원,
    톈안먼 → 천안문, 쯔진청 → 자금성, 타이허뎬 → 태화전

길고 긴 저항 **1**

"중국 황제들은 한 가지 공통점이 있다.
그 어떤 혼란기라도 청소년 교육만은
게을리 하지 않았다.
항일전쟁 시절에도 마찬가지였다."

저항의 근거지

"희생을 결심한다면 최후의 승리는 우리 것이다."

"적이 넘보지 못할 곳 떠올랐다"

일본의 중국 침략은 주도면밀했다. 1931년 9월 18일 밤, 일본군이 동북(東北)을 침략했다. 형식적이나마 통일정부를 수립했던 장제스(蔣介石)는 저항을 포기했다. 전국적으로 비난이 잇달았지만 꿈쩍도 안 했다.

이듬해 1월, 일본이 상하이(上海)에서 사달을 일으켰다. 수도 난징(南京)과 상하이는 300킬로미터가 채 안 됐다. 전쟁 준비가 미비했던 국민정부는 뤄양(洛陽)으로 이동했다. 국민당도 전체 회의를 소집했다. "뤄양을 행정도시로, 시안(西安)을 시징(西京)으로 개명, 제2의 수도로 한다"는 결의안을 통과시켰다.

난징에 머물며 상하이 사변을 지휘하던 장제스는 맘이 편치 않았다. 불편한 속내를 일기에 털어놓았다.

"한 나라의 수도는 함부로 정하는 것이 아니다. 지구전을 펴기에 용이한 곳이라야 한다. 서북(西北)은 낙후된 지역이다. 물산이 풍부하지 못하고, 인적 자원도 부족하다. 교육시설은 말할 것도 없다.

이런 곳에서 적과 맞설 생각을 하는 인간들과 일을 도모하자니 답답할 뿐이다."

시안은 서북의 중심도시였다. 뤄양 일대는 2년 전, 내전에서 승리한 장제스가 지방 실력자들에게 하사한 곳이었다. 일단 뤄양으로 천도한 후 더 안전한 곳을 물색했다. 참모들에게 의견을 물었다. "정부 소재지는 안전이 최우선이다. 국방의 중심지이고 외부의 침입에 대항할 수 있는 총 후방 역할을 감당할 수 있어야 한다."

평소 군사가를 자처하던 사람들은 현실을 직시하지 못했다. 온갖 고상한 말만 늘어놓았지 대책은 제시하지 못했다. "이기건 지건, 무슨 일이 있어도 일본과 강화는 절대 안 된다" "우리에게 방법이 있다며 국민들을 안심시키고 일치단결을 호소하자"는 등 결론도 비슷했다.

1933년 봄, 일본군이 만리장성 인근을 범하자 장제스는 군사회의를 소집했다. 평소 주장하던 양외필선안내(攘外必先安內, 외부의 적을 물리치려면 내부를 먼저 안정시켜야 한다)를 강조하면서 대일 작전 기본방침도 천명했다. "현재 우리가 일본에게 대처할 방법은 장기적이고 끊임없는 저항, 한 가지밖에 없다. 오래 끌면 끌수록 우리에게 유리하다. 3년 내지 5년을 저항할 수 있다면 국제사회가 우리를 보는 눈이 달라질 것이고, 일본 국내 정세에도 새로운 변화가 일 것이 분명하다."

그해 여름, 20년간 계속되던 쓰촨(四川)의 군벌전쟁이 끝날 기미가 보였다. 장제스는 서남쪽으로 눈을 돌렸다. "전쟁을 시작하려면

"결정적 순간이 도래했다.
희생을 결심한다면 최후의 승리는 우리 것"이라며
장제스는 전군과 국민에게 항일전쟁 동참을 호소했다.
1937년 7월, 루산(廬山).

안전한 곳부터 정해야 한다. 적이 넘보지 못할 곳이 떠올랐다"는 일기를 남겼다.

쓰촨의 마지막 군벌전쟁은 류샹(劉湘)의 승리로 끝났다. 쓰촨을 평정한 류샹은 경내에 들어와 있던 중국 공산당(中國共産黨, 이하 중공) 홍군(紅軍) 토벌에 군사력을 집중시켰다. 20만 명을 동원해 홍군을 포위했다. 10개월간 섬멸 작전이 벌어졌다. 결과는 참패였다. 6만여 명이 전사하고 포로로 끌려간 숫자도 2만이 넘었다. 비행기 추락과 대포 500여 문, 총기 3만여 정 손실은 참을 만했다. 문제는 홍군에게 위협을 느낀 자본의 이탈이었다. 쓰촨 경제를 좌지우지하던 기업들이 상하이로 터전을 옮겼다.

위기에 처한 류샹은 장제스에게 구원을 청했다. 장제스에게는 전에도 장총 5,000정과 실탄 500만 발을 지원받은 적이 있었다. 장제스는 국민당세력이 쓰촨을 장악할 기회라고 판단했다. 일본과 전쟁을 치르려면 쓰촨만 한 곳이 없었다. 당대 최정예였던 '중앙군'(中央軍)을 파견했다. 홍군은 중앙군의 상대가 못 됐다. 쓰촨에서 철수했다.

쓰촨에 침투한 국민당은 쓰촨군을 정부군에 편입시킬 공작에 착수했다. 류샹에게는 쓰촨 성(省) 주석과 장제스 다음 계급인 1급 상장(사성장군) 계급장을 달아줬다. 류샹은 울며 겨자 먹기였지만 도리가 없었다.

1935년 3월 4일, 장제스는 난생처음 쓰촨 땅을 밟았다. 6개월간 머무르며 쓰촨의 후방기지화 문제를 거론했다.

"쓰촨은 중화민국 입국(立國) 근거지였다. 모든 방면에서 조건이 완벽한 곳이다. 광대한 지역에 인구가 많고 물산이 풍부하다. 교육과 문화 보급도 전국 으뜸이다. 하늘이 우리에게 내린, 천시(天時)·지리(地利)·인문(人文)을 두루 갖춘 민족 부흥의 근거지로 손색이 없다."

군관훈련원과 국민당 쓰촨 성 당부 확대회의에 참석해서도 마찬가지였다. "신해혁명도 발단은 쓰촨이 제공했다. 쓰촨은 혁명의 영원한 근거지가 돼야 한다."

1937년 6월, 도쿄(東京)에 이상한 소문이 퍼지기 시작했다. "칠월칠석 날 밤에 큰 사건이 일어난다." 7월 7일 밤, 일본군과 중국군이 루거우차오(蘆溝橋)에서 충돌했다. 옌안(延安)에 웅크리고 있던 중공이 전 민족의 항전을 촉구했다.

항전 준비를 마친 장제스도 담화를 발표했다. 중공보다 한발 늦었지만 내용은 강경했다. "결정적 순간이 도래했다. 우리는 철저한 희생을 각오해야 한다. 철저한 희생을 결심한다면 최후의 승리는 우리 것이다."

3개월 후, 국방최고회의에서 충칭 천도를 통보했다. 쓰촨 성 직할시(直轄市)였던 충칭을 행정원 직할시로 승격시켰다. 충칭의 봉화가 초읽기에 들어갔다.

장기 항전에 돌입하기 위해 충칭으로

1937년 11월 16일, 수도 난징 철도부 방공호에서 국방최고회의가 열렸다. 중앙군사위원회 위원장 장제스가 입을 열었다. "3년간 준비해온 일을 실현할 때가 왔다. 국민정부를 충칭으로 이전한다.

동지들은 주어진 직분에 전력을 다해라.”

그날 밤, 국가원수였던 국민정부 주석 린썬(林森)은 충칭으로 이동할 준비를 했다. 경호원 230명과 100여 명의 군악대, 휘하 관원들에게 행장을 수습할 것을 지시한 후 장제스에게 전화했다. “잠시 후 그곳으로 가겠다. 할 말이 있다.” 평소 린썬은 장제스가 무슨 말을 하건 듣기만 했다. 결정에 이의를 제기한 적도 없었다.

이날따라 린썬이 먼저 입을 열었다. 유언이라고 해도 좋을 말을 남겼다. “나는 고희(古稀)가 얼마 남지 않았다. 이번에 떠나면 살아서 난징 땅을 밟을 가능성이 거의 없다. 이 전쟁은 우리가 일으킨 것이 아니다. 일본의 침략에 대한 저항이다. 너희들의 항전(抗戰)에는 도처에 어려움이 잠복해 있다. 극한 상황에 처해도 끝까지 저항해서 저놈들을 이 땅에서 내쫓아라.” 재산 처리도 당부했다. “젊을 때부터 골동품 수집에 열중했다. 모두 박물관에 기증해라. 소장품인 서화와 서적·불경들은 도서관으로 보내라. 나는 자손이 없다. 배우자도 세상 떠난 지 오래다. 수중에 있는 돈 6만 위안을 양자와 양손에게 주고 싶다.”

허리를 꼿꼿이 편 장제스는 고개를 숙인 채 듣기만 했다. 린썬은 국가은행에 예치해둔 50만 위안의 뒤처리도 당부했다. “전쟁 중이라도 교육을 소홀히 해서는 안 된다. 매년 나오는 이자로 과학도를 양성했으면 한다. 건장하고 고전 교육을 제대로 받은 자연과학도들을 선발해 미국 유학을 보내라. 나라에 아무리 어려운 일이 있어도 학업을 마치기 전에는 돌아오지 말라고 단단히 일러서 보내라.” 꼭 다문 입술에 힘을 더한 장제스가 고개를 끄덕였다.

린썬의 마지막 말에 장제스의 어깨가 가볍게 들썩거렸다. "뜻을 세웠으면 뒤돌아보지 말고 앞만 향해 나아가라. 나는 날이 밝으면 쓰촨으로 떠나겠다." 이튿날 새벽, 린썬은 난징을 떠났다. 송별의 식이나 성명서 따위는 생략했다.

린썬 휘하의 정부관원은 1,000명을 웃돌았다. 수행원의 회고를 소개한다.

"한 달 전부터 짐작은 했지만 아무런 준비가 없었다. 재력과 인력도 한심할 정도였다. 강제로 원칙을 정했다. 당장 필요 없는 사람들에게는 몇 달치 봉급을 주고 집에 가 있으라고 했다. 땅덩어리가 워낙 큰 나라이다 보니, 해군부가 제공한 군함으로 충칭까지 9일이 걸렸다. 선상에는 정부의 중요 문건이 가득했다. 주석에게만 독방을 제공했다. 나머지 인원들은 지위고하를 막론하고 뒤엉켰다. 가족 동행은 허락하지 않았다. 주석은 하루에 한 차례 배 안을 돌며 관원들을 격려했다."

난징 출발 3일 후, 우한(武漢)에 도착한 린썬은 국민정부의 충칭 이전을 전 세계에 발표했다. 목적과 이유가 명확했다. "오늘 국민정부는 전쟁에 적응하고, 장기적인 항전에 돌입하기 위해 충칭으로 이전한다. 우리의 지구전(持久戰)은 일본군이 한 명도 남김없이 이 땅을 떠나는 날까지 계속될 것이다." 우한의 병원에서 치료 중이던 쓰촨 성 주석 류샹도 성명서를 발표했다. "7,000만 쓰촨인을 대표해 머리 숙여 환영한다."

항일전쟁 시절 국민당과 민주세력,
공산당 대표가 한자리에 모인 국민참정회 회의장에 도착한
국민정부 주석 린썬(가운데).
1941년 11월 17일, 전시 수도 충칭.

린썬 일행은 12월 26일 충칭에 첫발을 디뎠다. 쓰촨왕(四川王)이나 다름없던 류샹의 성명은 효과가 있었다. 2만여 명이 부두에 나와 린썬을 환영했다. 류샹은 충칭 교외에 있는 사택까지 린썬에게 내줬다. 충칭직업중학에 국민정부 간판이 큼지막하게 내걸렸다. 충칭 시민들은 머리가 복잡했다. 잘된 건지 못된 건지 알 방법이 없었다.

2개월 후, 류샹이 갑자기 세상을 떠났다. 독살설이 나돌았지만 유언이 공개되자 금세 수그러들었다. "민족의 생존과 쓰촨인의 영광을 쟁취하기 위해 적군을 국경 밖으로 내쫓지 않으면, 우리 쓰촨군은 하루도 고향에 돌아오지 않겠다." 국민정부는 쓰촨을 항일의 후방기지로 내주고 사망한 류샹에게 육군 1급상장 계급을 추서했다. 장제스 다음가는 계급이었다.

류샹이 사망하자 장제스는 "쓰촨 통일에 성공했다. 항전의 기반을 이제야 마련했다"며 측근 장췬(張群)을 쓰촨 성 주석에 임명했다. 장췬은 쓰촨 출신이었지만 현지의 기반이 약했다. 배척 시위가 잇따랐다. 린썬이 충칭에 입성한 후에도 우한에 머무르던 장제스는 오판을 인정했다. 직접 쓰촨 성 주석을 겸임하고 대리인을 충칭에 파견했다.

쉬저우(徐州)를 점령한 일본군이 우한을 압박하자 일선 지휘관들이 장제스에게 건의했다. "충칭으로 이동하지 않으려면 황하(黃河)를 범람시키자." 먼 옛날부터 흔히 하던 방법이었다. 충칭행을 머뭇거리던 장제스는 결단을 내렸다. 3개 성의 20여 개 현(縣)이 순식간에 물에 잠겼다. 수많은 인명과 재산 피해가 있었지만 일본

린썬의 훈시를 경청하는 중앙군사위원회 수뇌들.
위원장 장제스(오른쪽 셋째)와
부위원장 펑위샹(馮玉祥, 오른쪽 넷째).
1937년 12월, 우한.

군의 우한 공격은 지연시킬 수 있었다. 4개월 후, 일본군이 우한 인근에 집결하자 장제스는 철수했다. 그래도 충칭에는 가지 않았다. 여전히 뭔가 찜찜했다.

일본군의 무지막지한 공습을 버텨낸 충칭

항일전쟁은 제2차 세계대전 기간의 두 배인 15년간 계속됐다. 1931년 가을, 일본이 동북을 점령했을 때부터 계산하면 그렇다. 전쟁의 전반부 6년이 동북 3성에 국한된 국지전이라면 나머지 기간은 전면전이었다.

일본군은 동북 전역과 경제 중심지 상하이, 수도 난징, 교통의 요지 우한, 중남(中南)의 중심 창사(長沙), 남방 최대도시 광저우(廣州), 제국의 수도였던 베이핑(北平, 현 베이징北京) 등을 점령했다. 충칭만은 예외였다. 전쟁이 끝나는 날까지 한 발짝도 들여놓지 못했다.

전쟁 초기부터 장제스는 지구전을 염두에 뒀다. 든든한 후방이 있어야 지구전이 가능하다며 근거지를 물색했다. 군사가(軍事家)들의 주장도 별 차이가 없었다. "적이 방심했을 때 허를 치면 전투에서는 승리할 수 있다. 국가 간 전쟁은 몇 차례 전투로 끝나지 않는다. 중국은 큰 나라다. 오래 끌수록 유리하다. 전략이 중요하다. 쓰촨은 주변 지세가 험한 오지 중의 오지다. 시선(詩仙) 이백(李白)의 노래처럼 새가 아니면 갈 수 없는 곳이지만, 일단 들어만 가면 입이 벌어진다. 옥야천리(沃野千里), 기름진 들판이 끝없이 펼쳐지는 천혜의 땅이다. 한(漢) 고조(高祖) 유방(劉邦)은 이곳으로 쫓겨

대일항전 의연금을 내는
남루한 복장의 충칭(重慶) 시민.
1940년대 초로 추정.

5년간 계속된 일본군의 공습은
충칭 시민들에게 생활의 일부로 자리 잡았다.
1941년 가을, 공습 직후의 충칭 거리.

온 덕에 천하를 도모할 수 있었고, 제갈량(諸葛亮)도 마찬가지였다. 그중에서도 충칭은 창강(長江)과 자링강(嘉陵江)이 합류하는 묘한 곳이다. 삼면이 강이다 보니 반도나 다름없다. 산은 높고, 강은 길고, 날씨는 변덕이 심하다. 사람들은 상인 기질이 농후하다. 전쟁도 상품으로 둔갑시킬 수 있다.”

틀린 말이 아니었다. 먼 옛날부터 충칭 사람들은 뭐든지 상품화시키는 재주가 있었다. 쓰촨인들에게조차 별종 취급을 받았다. 이를 조소하는 노래가 유전될 정도였다. “충칭에 가보니 평지가 거의 없다. 산은 높고 길은 울퉁불퉁. 가난한 사람은 비웃어도 몸 파는 여인은 비웃는 법이 없다. 두 강의 물을 마셔서 그런가 보다.”

충칭이 전시 수도가 되자 온 도시가 들썩거렸다. “행운이 제 발로 왔다.” 중국 역사상 유례가 없던 대규모 민족이동이 벌어졌다. 일본 점령지역의 정부기관·공장·교육시설과 난민들이 줄줄이 쓰촨으로 향했다. 뭐든지 닥치는 대로 쓰촨으로 실어 날랐다. 일본 폭격기의 폭격 따위는 당하건 말건 상관치 않았다. 당시 중국 정부문서의 한 구절을 소개한다.

“배와 항공기를 동원해 공병창 기계와 항공유·폭탄 등 19만 6,000톤을 쓰촨으로 수송했다. 철강과 방직공장 607개에 딸린 기술자도 1만 2,000명을 상회했다. 일본의 손길이 미치지 못한 윈난(雲南)과 구이저우(貴州)에도 분산시켰지만, 규모는 쓰촨에 비할 바가 못 됐다.”

이전 과정에서 입은 피해도 컸다. 『대공보』(大公報)에 실린 기사를 아무도 의심하지 않았다.

"중국 실업계의 '덩케르트 철수'였다. 전국에 등록된 공장만 해도 3,849개였다. 33퍼센트에 해당하는 1,279개가 창강을 타고 이동했다. 일본 폭격기의 공습이 밤낮을 가리지 않았다. 긴장감은 영국군의 덩케르트 철수 때보다 더했다. 40일간 대형 선박 16척이 침몰하고, 선원 116명이 목숨을 잃었다. 그 덕에 충칭과 쓰촨 각 지역에 새로운 공업기지가 모습을 드러냈다."

당 간부 5,000명과 정부기관, 700개 광산기업과 기술자 1만여 명의 이주가 끝나고, 48개 교육기관과 학생 2만여 명, 국보 1만 6,658개 상자가 쓰촨 경내에 들어오자 장제스는 안도했다. 1938년 12월 8일, 중앙군사위원회를 충칭으로 이전시켰다. 우한에서 일본군의 포성을 뒤로한 지 47일째 되는 날이었다. 충칭에 안착한 장제스는 성명을 발표했다. "18개 성 중 15개가 일본군의 수중에 들어가도 쓰촨·구이저우·윈난 3개 성만 장악하면 어떤 적이건 때려눕히고 실지(失地)를 수복할 수 있다."

충칭은 국가의 위기에 중임을 떠맡았다. 중국의 정치·군사·경제·문화 중심지로 탈바꿈했다. 일본군이 제일 노리는 도시도 충칭으로 변했다. "3개월이면 중국을 멸망시킬 수 있다"고 장담하던 일본은 전략을 수정했다. 땅이나 강을 통한 접근은 불가능했지만, 하늘은 그렇지 않았다. 1938년 12월 말, 충칭 상공에 일본 폭격기가

붉은 등을 띄우는 중국군 병사.
등은 경보와 함께 공습을 알리는 도구였다.
1939년 봄, 충칭.

출현해 중심가에 폭탄을 투하하고 사라졌다. 시민들은 공포에 떨었다.

1943년 8월까지 계속된 일본 폭격기의 충칭 공습은 무지막지했다. 5년간 218차례, 총 9,513대가 출격해 폭탄 2만 1,593발을 쏟아부었다. 1940년 8월 19일, 공습 현장을 지켜본 미국 기자가 기록을 남겼다.

"평온한 거리에 예리한 경보가 울렸다. 고개를 들어보니 높은 지역마다 붉은 등이 솟아올랐다. 충칭 시민들은 방공 경험이 풍부했다. 등을 발견하자마자 부두로 달려갔다. 초조한 표정으로 하늘을 바라보며 배가 오기를 기다렸다. 일본 폭격기는 특징이 있었다. 특정 지역에 집중적으로 폭탄을 투하했다. 그날 하루 동안 134대가 날아와 폭탄 262발과 소이탄 52발을 투하했다. 공습은 이후 3일간이나 계속됐다."

항일전쟁 시절에도 교육에 힘쓰다

역대 중국의 각계 지도자 중에는 별난 사람이 많았다. 목수를 했으면 세계적인 명품을 제작하고도 남을 황제가 있었는가 하면, 가수나 상인·시인으로 대성했을 황제도 있었다. 이들은 한결같이 개성이 독특했다. 남들이 뭐라 하건 괴상한 행동도 서슴지 않았다. 황제다 보니 조롱거리가 되고도 남을 일을 하루에도 몇 번씩 저질렀지만, 영명했다는 황제들은 한 가지 공통점이 있었다. 그 어떤 혼란기라도 청소년 교육 하나만은 게을리 하지 않았다. 항일전쟁 시절에도 마찬가지였다.

1932년 새해 벽두, 일본군이 상하이를 공격했다. 수도 난징에 있던 국립 중앙대학(中央大學) 교수들은 위기를 느꼈다. 정부에 질의서 비슷한 것을 보냈다. 결론은 간단했다. "안전한 교육 장소를 물색해주기 바란다." 국민정부는 당대 최고 학부의 우려를 "서생들의 쓸데없는 걱정"이라고 무시하지 않았다. 우선 전쟁 시절에 적합한 총장감부터 물색했다.

그해 8월, 칭화대학(淸華大學) 초대 총장을 역임했던 뤄자룬(羅家倫)은 중앙대학 총장 임명장을 받고 밤잠을 설쳤다. 날이 밝자 딸에게 편지를 보냈다. "왜적에게 동북을 유린당한 지 1년이 지났다. 일본과 한차례 전쟁은 피할 방법이 없다. 태평양이 불바다가 되는 꿈을 꾸었다. 한 편의 그림을 보는 듯했다. 앞으로 무슨 일이 벌어질지 장담 못 한다."

교수들은 뤄자룬에게 불만이 많았다. 조급해하는 기색이 전혀 없었다. 1935년, 일본군이 화베이(華北) 지역을 점령하자 움직이기 시작했다. 툭하면 여러 날 자리를 비웠다. 어디를 갔다 왔는지 말하는 법도 없었다. 해가 바뀌자 있는 돈 없는 돈 끌어들여 나무상자를 만들기 시작했다. 나무상자 수천 개가 교정에 꽉 들어찼다. 크기가 엄청났다.

뤄자룬이 회의 참석차 충칭에 갈 일이 있었다. 뤄자룬은 일정이 끝나도 돌아갈 생각을 안 했다. 어디를 다니는지 부산하게 돌아다니기만 했다. 동행한 사람이 "정말 산만한 사람"이라고 불평했다는 말을 듣고도 행동을 바꾸지 않았다. "대학 총장감이 아니다. 명

전시 수도 충칭 시절의 국립 중앙대학 임시교사.
체육시간도 난징 시절과 별 차이가 없었다.

중앙대학 총장 시절의 뤄자룬.

당자리 고르러 다니는 풍수(風水) 선생이 더 어울린다"는 말까지 들었지만 꿈쩍도 안 했다. 충칭을 떠나기 직전, 이번에도 딸에게 편지를 보냈다. "충칭은 산과 강의 보호를 받는 곳이다. 자연 풍경도 아름답다. 전시 교육 장소로 비견될 곳이 없다."

1937년 7월, 뤄자룬은 중앙군사위원회 위원장 장제스가 보낸 초청장을 받았다. "루산에서 항일에 관한 담화를 발표할 예정이다. 참석해주기 바란다." 루산에 오른 뤄자룬은 장제스에게 건의했다.

"동남 연해지역의 몇 개 주요 대학과 과학연구기관을 충칭과 인근 지역으로 이전하는 것이 좋겠다." 장제스는 즉석에서 동의했다. "네 덕에 내가 사람 제대로 봤다는 소리를 듣게 생겼다." 뤄자룬은 그제서야 장제스가 자신을 직접 중앙대학 총장에 임명했다는 것을 알았다.

2개월 후, 장제스는 교육부를 통해 쓰촨 성 주석 류샹과 충칭대학 총장에게 공문을 보냈다. "국립 중앙대학이 충칭 이전을 진행 중이다. 지역 문화 발전에 도움이 되리라 확신한다. 도움을 기대한다." 며칠 후, 뤄자룬도 류샹과 충칭대학에 협조요청 전문을 발송했다. "잠시 임시 교사를 지을 땅만 빌려주면 된다." 류샹도 열렬히 환영한다는 답전을 보냈다.

학교 부지가 해결되자 운반이 문제로 등장했다. 학생과 교직원들이 난징에서 충칭까지 가려면 배를 이용하는 수밖에 없었다. 대형 선박을 통째로 빌려도 부족할 정도로 인원이 많았다. 뤄자룬은 전교생과 교직원들에게 호소했다. "각자 재주껏 충칭까지 와라." 다들 끄덕였다.

일본군의 공습이 있던 날이면
밤마다 중앙대학 여학생들이 횃불을 들고 시민을 격려했다.

뤄자룬은 사람 문제가 해결되자 도서와 교육용 자재 운반에 머리를 싸맸다. 선박회사인 민생공사(民生公司) 사장 루쭤푸(盧作孚)에게 하소연했다. "교육에 필요한 물건들이다. 학생들이 뜯어보고 조립할 항공기 3대와 해부용 시신 24구를 무슨 일이 있더라도 충칭으로 옮겨야 한다. 농학원에 있는 모든 가축도 암수 한 마리씩 옮길 수 있는 방법을 강구해봐라. 후방에서 번식시켜야 한다. 교내에 있는 개와 닭들도 놓고 갈 수 없다. 침략자들이 먹을 오리 한 마리, 닭 한 마리도 남겨두지 않겠다." 다 듣고 나자 루쭤푸는 "노아의 방주가 따로 없다"며 배꼽을 잡았다. 선박 1층을 가축용으로 개조했다.

9월 23일, 교육부는 중앙대학의 충칭 이전을 인가했다. 10월부터 운반이 시작됐다. 1개월 후, 중앙대학은 평소와 다름없이 충칭에서 수업을 시작했다. 가축들이 도착하는 날 진풍경이 벌어졌다. 전교생이 교문으로 몰려나와 교가를 부르며 환영했다. 만년에 뤄자룬은 회고록에서 당시를 회상했다.

"그들을 보는 순간 왈칵 눈물이 솟았다. 평생 못 볼 줄 알았던 난징의 옛 친구들을 객지에서 다시 만난 것 같았다."

충칭의 중앙대학은 전시 중국의 최고 학부였다. 1948년, 미국의 프린스턴대학이 세계 우수 대학 순위를 발표했다. 중앙대학이 도쿄대학을 누르고 아시아 1위를 차지했다.

불타의 구세정신

"출가한 몸이지만 국가를 뒤로하지 않았다."

산중에서 염불만 하지 않은 승려들

1946년 1월, 국민정부는 선종(禪宗) 명찰(名刹) 쉐더우사(雪竇寺) 주지 타이쉬(太虛)에게 항일전쟁 승리 훈장을 수여했다. 이듬해 3월, 타이쉬가 세상을 떠났다. 정부는 생전의 업적을 기리는 성명서(포양태허령襃揚太虛令)를 발표했다. "항일전쟁 시절 승려들을 독려해 구호대를 조직했다. 승려들이 가사(袈裟)를 군복으로 갈아입기까지 타이쉬의 영향이 컸다. 1928년부터 17년간 항일의 뜻을 굽히지 않았다. 호국의 공이 가상(嘉尙)하다."

1928년 4월, 산둥(山東)에 진입한 북벌군(北伐軍)이 지난(濟南)을 압박했다. 패배를 감지한 북양군벌은 병력을 철수시켰다. 지난에는 일본 교민 1,800여 명이 있었다. 일본군은 자국민 보호를 이유로 출병했다. 5월 1일, 북벌군이 지난에 진입하자 교전이 벌어졌다. 북벌군은 일본군의 상대가 못 됐다. 민간인 포함 6,000여 명이 목숨을 잃었다. 부상자도 1,800명을 웃돌았다. 일본은 중국에 책임을 돌렸다. "중국 사병이 일본 여인을 겁탈하고 일본 순사를 구타했다." 아무도 믿지 않았다.

군사 훈련을 마친 승려들. 전쟁이 끝난 후
화약 냄새가 향 냄새보다 익숙해졌다며 군에 남은 승려들이 많았다.

프랑스 파리에 세계불학원(世界佛學院) 설립을 마치고 귀국한 타이쉬는 경악했다. 일본불교연합회에 전문을 보냈다. "고도(古都)가 하루아침에 지옥으로 변했다. 철병(撤兵)을 간곡히 요구한다. 일본 당국에 압력을 행사해주기 바란다." 답전이 없었다.

3년 후, 일본군이 만주(滿洲)를 침략했다. 타이쉬의 반응은 예상 밖이었다. '타이완과 조선, 일본의 4,000만 불도'에게 보내는 성명서를 발표했다. "타이완과 조선, 일본의 불도들은 불타(佛陀)의 구세정신을 계승할 의무가 있다. 모두 일어나 군벌을 폐출하고 전쟁을 제지해 세계평화 구현에 앞장서야 한다."

만주 사변 2년 후, 상하이 사변이 발발했다. 중국 하늘에 전운이 감돌았다. 타이쉬는 산중에서 염불만 하지 않았다. "동북과 상하이에서 벌어진 사건이 중·일 양국의 안전을 위협한다. 전쟁에는 승자가 없다. 모두 패배자로 전락한다. 일본 당국은 중국의 동북을 원래 모습대로 회복시키기 바란다."

일본군이 산하이관(山海關)을 침범하자 타이쉬는 불교와 호국을 연계시켰다. 전국의 청년 불자들에게 '불교청년호국단' 조직을 권했다. 종군과 모금, 선전 활동을 독려했다. 워낙 행동이 튀다 보니 비난도 잇달았다. 나대기 좋아하는 정치 화상(和尙)이라며 손가락질을 많이 받았다.

화가 펑쯔카이(豊子愷)는 호기심이 남달랐다. 비난받는 사람을 만나봐야 직성이 풀리는 성격이었다. 타이쉬를 찾아갔다. 몇 날 며칠을 묵으며 허점을 찾으려고 무진 애를 썼지만 허사였다. "떠도는 소문들은 오해투성이다. 타이쉬는 자비와 용맹을 겸비한, 진정한

타이쉬는 장제스의 고향 시커우(溪口)의
설두사 주지로 14년간 지냈다.
설두사 주지 시절.

화상이다."

　인물평에 야박했던 루쉰(魯迅)도 타이쉬에게는 후한 점수를 줬다. "사람을 가리지 않았다. 사상의 폭과 깊이는 끝을 헤아리기 힘들었다." 타이쉬와의 만남에 동행했던 루쉰의 수제자는 구체적인 기록을 남겼다.

　　"많은 사람이 타이쉬를 정치 화상이라고 깎아내렸다. 가당치 않은 말이다. 타이쉬 법사는 근대 화상이라는 말이 잘 어울린다. 온갖 명성을 누리면서도 대(大)화상의 모습이라곤 어느 한구석도 찾아보기 힘들었다. 봄바람처럼 모두를 푸근하게 해줬다. 그의 말대로 하면 뭘 해도 도리에 어긋남이 없을 것 같았다."

　국·공합작이 성사되고 항일전쟁이 본격화되자 중앙훈련총감부(中央訓練總監部)는 전국의 승려들에게 징집령 비슷한 걸 내렸다. "지금 이 시간부터 장정으로 분류한다. 장정대에 편입해 군사훈련을 받도록 해라." 승려들 사이에 찬반 논쟁이 벌어졌다. "우리도 국민이다. 병역의 의무가 있다"는 주장이 있는가 하면 "우리는 이미 출가했다. 불타의 자비를 봉행하는 사람들이다. 전선에서 적을 살상하는 것은 불교 교리에 어긋난다"는 주장도 만만치 않았다.

　타이쉬는 중앙훈련총감부에 서신을 보냈다. "승려들끼리 훈련을 받겠다. 복장은 우리에게 맡겨라. 간편하되 원형은 유지하고 싶다. 두 가지 사항만 허락하면 일반인과 똑같이 훈련에 참여하겠다." 끝으로 "훈련을 마친 후 전투부대에는 배속시키지 말아달라"

고 요청했다.

중앙훈련총감부는 타이쉬의 요청을 군말 없이 수용했다. 타이쉬는 전국의 사찰에 공문을 보냈다. "국가가 위기에 처했다. 우리는 출가한 몸이지만 국가를 뒤로하지 않았다. 신해혁명 이후 계속된 우리의 근대화는 일본의 파괴에 직면했다. 비분을 가눌 길 없다. 비바람이 외로운 등불을 핍박한다. 목탁 두드리며 희생된 항일 전사를 추도하는 것이 능사가 아니다. 마귀와 마주하면 용기가 솟는 법, 정부의 통일된 지휘하에 난민 구호와 전쟁 지식을 습득하기 바란다. 몸을 던져 국가와 인민을 구하는 것이 불타의 가르침을 실현하는 길이다. 의학 상식과 군 기본동작을 익히고, 삼민주의(三民主義)와 정치사상 같은 학과도 소홀히 하지 마라. 밥값은 각자 부담하고 부족한 부분은 사찰에서 지원해라. 교관들에겐 밥값을 받지 마라."

타이쉬는 중화민국 4대 고승(高僧) 중 한 사람이었다. 말에 권위가 있었다. 전국 사찰에서 승려 훈련반이 발족했다.

마오쩌둥의 초청도 거절한 고승 쉬윈

중국인 사이에 떠도는 얘기가 있다. 1958년 11월 26일 후베이(湖北) 성 우창(武昌), 중국을 방문한 김일성(金日成)과 밥 먹고 연극까지 즐긴 마오쩌둥(毛澤東)은 기분이 좋았다. 숙소에 돌아오자 함께했던 저우언라이(周恩來)를 불렀다. 엉뚱한 질문을 던졌다. "전부터 물어보고 싶었다. 너 일하는 걸 보면 우리와 다른 구석이 있다. 무슨 일이건 팽팽하고 사람을 긴장시키지만, 결국은 원만하게 매듭짓는다. 어디서 그런 걸 익혔는지 궁금하다."

101년간 가사를 걸친 쉬윈은 120세에 타계했다.
말년에 헝산 원쥐사에 칩거하던 쉬윈.
1956년 가을.

질문이 끝나기도 전에 저우언라이가 입을 열었다. "마르크스(Karl Marx)와 레닌(Vladimir Lenin) 외에 불법(佛法)에 관심을 가진 지 오랩니다." 마오쩌둥이 놀란 표정을 지으며 물었다. "불법이라니, 누구에게 귀의(歸依)라도 했단 말인가?" "쉬윈(虛雲) 화상입니다." 마오쩌둥도 처음 듣는 이름이 아니었다. "아직 살아 있나?" "청나라 함풍제(咸豊帝) 시절에 태어났습니다. 120세가 얼마 남지 않았습니다." 저우언라이는 쉬윈에 관한 얘기를 아는 대로 풀어놓았다. 마오쩌둥은 호기심이 발동했다. "한번 만나보고 싶다. 불러라." 저우언라이는 당황했다. "모시고 싶어 하는 명산 고찰(古刹)이 한두 곳이 아니었습니다. 모두 거절하고 윈쥐사(雲居寺)에 박히더니 꿈쩍도 안 합니다. 절도 건조(乾造)했습니다."

마오쩌둥은 기분이 상했다. "윈쥐사가 한두 군데냐?" 마오의 말이 맞았다. 시안과 베이징 근교에도 같은 이름의 사찰이 있었다. "난웨(南岳) 헝산(衡山)에 있는 윈쥐사입니다." "오건 안 오건 불러는 봐라." 상대가 쉬윈이다 보니 "오면 돌팔이"라는 말은 하지 않았다.

쉬윈은 마오쩌둥의 초청을 거절했다. "자고로 법왕이 인간의 왕보다 높다(自古法王大于人王). 귀의할 생각이 있으면 마오쩌둥이 남쪽으로 와라." 만화에나 나옴직한 얘기를 믿고 싶어 하는 중국인이 아직도 많다.

현대판 신화의 주인공들은 자작(自作)의 대가라고 단정해도 된다. 현대 선문(禪門)의 태두(泰斗) 쉬윈도 자신의 출생에 관한 구술을 남겼다.

"나는 태어날 때 둥그런 살덩어리였다. 놀란 모친은 헉 하는 순간 기도가 막혀 사망했다. 이튿날, 마을 의사가 칼을 들고 나타났다. 해부하듯이 살덩어리를 가르자 남자 아이가 웅크리고 있었다."

계모 밑에서 자란 쉬윈은 열세 살 때 할머니를 잃었다. 집안에서 불교식으로 장례를 치렀다. 유교 경전만 접하던 쉬윈은 불상과 불경을 접하자 환희를 감당하기 힘들었다. 열일곱 살 때 불문에 귀의하겠다며 가출했다. 기겁한 아버지는 사람을 풀었다. 끌려온 아들을 창고에 가둬버렸다. 숙부가 묘안을 냈다. "저런 애들은 여자와 어울리게 해야 한다. 결혼시켜라. 한 명으로는 부족하다. 빨리 며느릿감으로 두 명 물색해라. 아들 방에 집어넣고 밖에서 자물쇠로 채워버려라. 며칠 지나면 출가할 생각이 가실 게 분명하다." 아버지는 동생의 의견이 그럴듯하다며 고개를 끄덕였다. 워낙 명문 집안이라 며느리 구하는 건 일도 아니었다.

쉬윈은 두 여인을 거들떠보지도 않았다. 문틈으로 엿보던 숙부는 쓸데없는 짓 했다며 가슴을 쳤다. 형이 장기간 집을 비운 틈에 자물쇠를 풀어줬다. 쉬윈은 산으로 들어갔다. 두 여인에게는 속세와 인연을 끊겠다는 편지를 남겼다. 짧은 시간이지만 쉬윈이 여인들에게 미친 영향은 엄청났다. 그들도 속세를 뒤로하겠다며 새벽길을 자청했다.

쉬윈의 아버지는 아들과 며느리들의 행방을 수소문했다. 사람을 떼로 고용해 전국의 사찰을 뒤졌다. 아버지의 성격을 아는 쉬윈은

쉬윈의 애제자 쥐짠(巨贊)도 중국 불교계의 영수로 성장했다.
광시(廣西) 성 구이핑(桂平)에 있는 쥐짠 동상.

심산유곡(深山幽谷), 동굴에 은거하며 모습을 드러내지 않았다. 산나물과 솔잎, 석간수로 허기를 달래며 수양에만 몰두했다. 꼬박 3년을 그렇게 했다. 101년간 가사를 걸치고 120세로 세상을 떠나는 날까지, 1년에 한 번만 목욕하던 습관도 이때부터 시작됐다. 불당 근처에는 가지도 않았다. 아버지가 포기했다는 소문을 접하자 정식으로 불문에 귀의했다. 소식을 접한 두 여인도 쉬윈의 뒤를 따랐다. 1년 터울로 삭발했다.

쉬윈의 명성은 전국으로 퍼졌다. "오랜만에 득도한 고승이 출현했다." 행동도 걸맞았다. 가사 걸친 지 20년이 되는 1880년, 불교 명산 푸퉈산(普陀山) 법화암(法華庵)에서 3보 1배를 시작하는 향을 살랐다. 우타이산(五臺山)까지 23개월 동안 하루도 쉬지 않았다.

쉬윈은 마오쩌둥뿐 아니라 서태후(西太后)에게도 무안을 준 적이 있었다. 젊을 때부터 권력에 맛을 들인 서태후의 정신세계는 정상이 아니었다. 관세음보살로 자칭할 때도 있었지만 항상 비정상인 것은 아니었다. 정상과 비정상을 오락가락했다. 8개 연합국에 쫓겨 시안으로 도망칠 때 쉬윈에게 동행을 요구했다. 쉬윈은 정중하게 거절했다. 이유가 별났다. "목욕을 안 한 지 오랩니다. 제 몸에서 냄새가 진동합니다." 이때 서태후는 정상이었다. 옆에 있던 이홍장(李鴻章)에게 "고승은 뭐가 달라도 다르다"며 대범하게 넘겼다.

1937년, 항일전쟁이 터졌다. 중앙군사위원회 위원장 장제스가 면담을 청했다. 쉬윈은 흔쾌히 수락했다. 제자 쥐짠을 데리고 하산했다.

항일전쟁 시절, 우타이산의 항일 승병.

웃음 외에는 별말을 나누지 않은 장제스와 쉬윈

쉬윈이 쥐짠과 함께 장제스를 만난 것은 사실이다. 무슨 얘기를 나눴는지는 확실치 않다. 쉬윈의 말을 장제스가 못 알아들었다는 사람도 있고, 웃기만 하다 헤어졌다는 사람도 있다. 그러다 보니 별 얘기가 다 나돌았다.

"장제스는 경호원 열 명의 호위를 받으며 쉬윈이 있는 곳으로 갔다. 문 앞에 여우 한 마리가 앉아 있었다. 경호원들이 쏴 죽이려 하자 장제스는 화들짝 놀랐다. 쉬윈의 경호원일지 모른다며 총을 거두라고 지시했다. 잠시 후, 쉬윈이 나타났다. 쉬윈 곁으로 간 여우가 장제스를 뚫어지게 노려봤다. 장제스가 폭소를 터뜨리자 쉬윈도 큰 소리로 웃었다. 두 사람은 웃음 외에는 별말을 나누지 않았다. 상대가 무슨 말을 하고 싶은지 말 안 해도 아는 사람들 같았다. 여우는 장제스가 떠날 때까지 쉬윈 옆을 지켰다."

쉬윈은 장제스만 만난 게 아니라 국민정부 주석 린썬과 정부요인들도 골고루 만났다. 승려들에게 참전을 독려하겠다는 말은 하지 않았지만, 전쟁을 수수방관하지 않았다. 전국의 사찰에 제의했다. "하루에 두 시간, 참회 예불 시간에 적의 소멸을 기원해라. 불자들은 저녁을 굶자. 절약한 양식을 전재민(戰災民)을 위해 국가에 헌납하자." 3개월간 충칭의 사찰을 돌며 법회도 열었다. 연일 만원이었다.

충칭 나들이를 마친 쉬윈은 혼자 산으로 올라갔다. 쉬윈과 헤어진 쥐짠은 충칭에 머무르지 않았다. 홍콩(香港)과 광둥(廣東)을 경유해 후난(湖南) 성 헝양(衡陽)의 난웨에 도착했다. 난웨는 사찰 밀집 지역이었다. 불교강습소 교관으로 신분을 위장하고 승려들의 항전을 독려했다. 대학 선배 톈한(田漢, 현 중국 국가 「의용군 행진곡」의 작사가)의 소개로 유격대 간부 훈련차 와 있던 예젠잉(葉劍英)을 만났다.

쉬원이 쥐짠에게 중임을 맡긴 것은 독특한 경력 때문이었다. 1927년 가을 장쑤(江蘇) 성 장인(江陰) 현, 판추퉁(潘楚桐)이라는 미소년이 현립(縣立) 사범학교를 1등으로 졸업했다. 타고난 미남에 수석 졸업, 여자애들에게 인기가 굉장했다. 하루는 할아버지가 아들 며느리 불러놓고 손자 장래를 걱정했다. "오늘 애 데리고 시장에 갔다가 별꼴을 다 봤다. 예쁘게 생긴 동네 과부가 우리 애 보더니 얼굴이 빨개지면서 침을 꼴깍 삼켰다. 어찌나 놀랐는지 가슴이 철렁했다. 여자라면 애, 어른 할 것 없이 쳐다보는 눈이 심상치 않았다. 촌구석에 내버려뒀다간 무슨 흉한 일이 생길지 모른다. 골병들어 일찍 죽으면 그나마 다행이다. 오밤중에 누구 칼 맞아 죽을지 생각만 해도 끔찍하다. 이참에 큰 도시로 보내자. 이왕이면 상하이가 좋겠다."

마을 여자들과 할아버지 덕에 상하이로 온 추퉁은 다샤대학(大夏大學, 화둥華東사범대학의 전신)에 입학했다. 당시 다샤대학은 상하이뿐만 아니라 전 중국의 명문이었다. 미국이라면 뭐든지 떠받들던 중국인들이 '동방의 컬럼비아대학'이라 부를 정도였다. 추퉁은 한눈팔지 않았다. 도서관과 강의실을 오가며 학문에만 매달렸다. 대학 이사회 일원이었던 왕징웨이(汪精衛)에게 깊은 인상을 남겼다.

난웨의 유격대 간부훈련원을 방문한 예젠잉(오른쪽 둘째).
1937년 봄.

"판추퉁의 호학(好學)과 박문강기(博聞强記)는 교내에 따를 사람이 없었다. 학생 시절 제자백가와 송명이학(宋明理學), 과학과 철학을 두루 섭렵했다. 외국어도 완벽했다. 영어·일어·독어에 막힘이 없었고 러시아 문자도 해독이 가능했다. 성격은 좀 유별났다. 침착할 때는 바람 한 점 없는 호수 같았지만 격할 때는 거대한 파도를 보는 듯했다. 체력단련도 게을리 하지 않았다. 밤마다 무술로 땀을 흘렸다. 행동도 민첩했다."

추퉁은 급진적인 인사들과 왕래가 많았다. 시위에도 빠지지 않고 참여했다. 세상 꼬락서니가 희한하게 보이자 학교 생활에 흥미를 잃었다. 할아버지에게 편지를 보냈다. "흥미가 저의 유일한 스승이었습니다. 매사에 흥미를 잃었습니다. 허락하시면 귀향하겠습니다." 할아버지는 손자의 편지에 만족했다. 아들 내외를 불렀다. "모든 모순은 남녀관계에서 비롯된다. 이 애는 매사에 흥미를 잃었다. 어느 여자의 유혹에도 넘어가지 않는다."

고향 사람들은 추퉁을 소학교 교장으로 추천했다. 교사들은 젊은 교장을 잘 따랐다. 인근 중학교와 고등학교 교사들도 뻔질나게 추퉁의 집무실을 드나들었다. 교사 봉급이 형편없을 때였다. 추퉁은 파업을 종용했다. 선언문을 직접 만들고 시위도 앞장섰다. 이웃 현까지 영향이 파급됐다. 다른 지역 교사들은 "추퉁을 본받으라"며 교장의 멱살을 잡았다. 얼굴에 여선생 손톱자국을 달고 다니는 교장이 한둘이 아니었다.

체포령에 현상금까지 걸린 추퉁은 항저우(杭州)로 피신했다. 도

쉬윈과 쉬짠(오른쪽).
1958년, 헝산.

부상병 치료법을 익히는 승려들.
1938년, 난웨.

망자들이 피할 곳은 절 아니면 군대였다. 고찰 링인사(靈隱寺)에 몸을 숨겼다. 공밥 먹다 보니 승려들 보기가 미안했다. 아침 예불에도 참석하고 경전을 읽기 시작했다. 불교에 흥미를 느낀 추퉁은 불문에 귀의했다. 쥐짠이라는 법명을 받은 바로 그날, 일본군이 만주를 침략했다.

유격전에 합류한 승군

항일전쟁 시절, 승군(僧軍)은 유격전에 합류했다. 이유가 있었다. 일본은 작지만 강했다. 중국은 그 반대였다. 정규전으로는 일본을 당할 재간이 없었다. 약자가 강군과 맞서려면 유격전이 효과적이다. 국민당도 이 점을 부인하지 않았다. 중공은 말할 것도 없었다.

중공 주력인 홍군은 특징이 있었다. 1927년 건군 이래 농촌을 떠돌며 유격전만 펼쳤다. 국민당은 집권당이었다. 활동 무대가 도시다 보니 정규전을 중요시했다. 1931년, 일본 관동군이 만주를 점령하자 국민정부는 무저항 정책을 천명했다. 현지의 정부군도 마찬가지였다. 여기저기서 의용군 깃발을 날렸지만 오래가지 못했다. 이에 비해 중공 만주성위원회가 조직한 유격대는 수명이 길었다.

상하이 사변 때도 국민정부는 정규전으로 응했다. 일본군이 만리장성을 넘봤을 때도 전략을 바꾸지 않았다. 싸우는 족족 패했다.

국·공합작이 성사되기 전부터 중공은 유격전을 염두에 뒀다. 합작의 계기가 된 시안 사변 발발 6개월 전, 마오쩌둥이 미국 기자 스노(Edgar Snow)를 만났다. 하고 싶었던 얘기를 쏟아내며 전쟁에 관한 예측도 빠뜨리지 않았다. "일본은 주요 도시와 교통망을 장악하려 들 것이다. 전쟁 초기, 국민당 정예부대가 패하면 지구전에 돌입하게 된다. 홍군 유격대의 역할은 그때부터다."

1937년 7월, 중국과 일본이 전면전에 돌입했다. 장제스는 군 개편에 나섰다. 홍군을 정부군에 편입시키기 위해 팔로군(八路軍)을 신설했다.

중공 대표 저우언라이와 주더(朱德)까지 참석한 국방최고회의가 난징에서 열렸다. 장제스는 팔로군이 최전선에서 일본군의 진격을 방어해주기를 희망했다. 보고를 받은 마오쩌둥은 저우언라이 등 중공 대표단에게 급전을 보냈다. "홍군은 진지전(陣地戰)을 해본 적이 없다. 유격전이 전문이다. 지휘권 독립을 요구해라." 장제스는 동의했다. "적의 배후에서 유격전을 펴며 정규전을 지원해라."

팔로군은 린뱌오(林彪)가 지휘한 핑싱관(平型關) 전투에서 승리한 후, 유격전에 돌입했다. 유격전은 확실한 근거지가 없으면 존립이 불가능했다. 심사숙고하던 마오쩌둥은 지도를 펼쳤다. 산시(山西) 성 북부 우타이산에 동그라미를 쳤다.

팔로군 예하 115사단 정치위원 녜룽전(聶榮臻)이 2,000여 명을 이끌고 우타이산에 진입했다. 1990년 여름, 홍콩을 방문한 국방과학위원회 부주임 녜리(聶力)는 아버지에게 들었다며 우타이산 승려와 녜룽전의 첫 만남을 소개했다.

"1937년 늦가을 밤, 흑색 가사를 입은 승려들이 사원 문전에 도열했다. 장중한 음악을 연주하며 낯선 손님을 환영했다. 아버

항일전쟁 시절, 주더·마오쩌둥(왼쪽 둘째와 넷째)과 함께
미군 시찰단을 영접하는 자리에서 연설하는 예젠잉.

신중국 인민해방군 총참모장 대리 시절의 녜룽전.

지는 사면이 적에게 포위된 깊은 산속에서 우아한 음악을 들으리라곤 상상도 못 했다는 말을 지금도 자주 한다."

네룽전도 회고록을 남겼다. 일부를 소개한다.

"부대는 우타이산 사찰에 자주 유숙했다. 우타이산은 불교 성지(聖地)였다. 무려 300여 개의 사찰이 있었다. 규모도 엄청났다. 한곳에 몇백 명을 수용해도 티가 안 났다. 사찰은 청묘(青廟)와 황묘(黃廟), 두 종류가 있었다. 화상이 있는 곳이 청묘라는 것을 이때 처음 알았다. 황묘에는 라마(喇嘛)들이 거주하고 있었다. 우리는 그들을 존중했다. 그들도 우리와 잘 어울렸다. 출가한 사람들이었지만, 속세에도 관심이 많았다. '적의 배후에서 유격전을 펴겠다. 근거지를 마련하기 위해 왔다'고 하자 감동하는 눈치였다."

산바람은 매서웠다. 장교, 사병 할 것 없이 솜옷이 없었다. 추위가 뼛속으로 파고들었다. 화상들은 선방(禪房)을 전사들에게 내줬다. 더운 음식과 요리들을 나르느라 분주했다. 날을 거듭해도 귀찮아하는 내색이 전혀 없었다. 어디서 구했는지 총과 수류탄을 들고 오는 승려가 하나둘 나타나기 시작했다. 300여 명이 팔로군에 가담하겠다고 나섰다. 무기 출처도 '주지 스님 경호를 위한 것'이라며 숨기지 않았다. 네룽전은 따로 부대를 만들었다. 뚜렷한 명칭은 없었지만 승인련(僧人連) 또는 화상련(和尙連)이라 불렸다. 무술의

항일전쟁 초기,
국민당군 군복을 착용한 저우언라이.

고수가 많다 보니 육박전에서 두각을 나타냈다.

예젠잉은 녜룽전에 비해 성격이 활달했다. 남방의 불교 성지 난웨에 머무는 동안 독서와 시·오락을 통해 애국 인사들과 교분을 텄다. 저우언라이가 오자 쥐짠을 만나라고 권했다. "항일에 적극적이다. 쉬윈의 신망이 두텁다. 중국 불교를 이끌 재목감이다."

저우언라이는 사람 홀리는 재주가 남달랐다. 쥐짠과의 첫 만남에서 의형제 비슷한 걸 맺어버렸다. 쥐짠이 휘호를 청하자 선뜻 응했다. 중국의 현실과 불교의 본질을 여덟 자로 표현했다. "상마살적 하마학불(上馬殺賊 下馬學佛). 말 위에 올라 도둑놈들을 도륙하고, 말에서 내리면 석가모니를 본받는다." 쥐짠은 고개를 끄덕였다.

신중국 성립 후, 중국 불교계는 풍비박산 났다. 1950년대 후반 들어 항일전쟁에서 승군의 역할을 인정받으면서 제 모습을 찾기 시작했다.

해방의 황혼 2

“인간을 지배하는 것은
감정(感情)이지
이성(理性)이 아니다.”

폭력 흔적 없는 강간사건

"너는 4억 중국인의 수난을 혼자 감당했다."

일본 패망 후 무르익은 타이완의 좌익 사조

인간은 착각의 동물이다. 이유는 단 하나, 희망을 먹고살기 때문이다. 제2차 세계대전이 끝나자 세상이 조용할 줄 알았다. 희망은 욕망 앞에 맥을 못 췄다. 푸른 하늘이 먹구름으로 변했다. 타이완도 예외가 아니었다. 사회주의 사조가 범람하고 의식 형태가 팽팽히 대치했다.

일본 패망 후 타이완은 50년 만에 일본의 식민통치에서 벗어났다. 감옥에 있던 항일 청년들이 풀려났다. 대륙을 떠돌던 타이완 출신 항일 인사들도 고향으로 돌아왔다. 두 계층은 정서가 비슷했다. 일본에서 의학을 공부한 궈슈충(郭琇琮)이 타이완학련(學聯, 학생연맹)을 조직하자 자발적으로 호응했다.

연합국 태평양지구 사령관 맥아더(Douglas MacArthur)가 타이완을 연합국 성원인 중화민국이 접수한다고 선언했다. 중국 전구(戰區) 최고사령관 장제스는 육군 상장 천이(陳儀)를 타이완 성 행정장관 겸 경비사령관에 임명했다. 타이완학련은 "조국을 영접하자"며 선전 활동에 나섰다.

중공이 개입하기 전까지 타이완의 좌익 사조는
낭만적 사회주의 수준이었다.
1945년 11월, 타이완학련 발대식.

1945년 10월 25일, 타이베이 공회당(臺北公會堂, 현 중산당中山堂)에서 일본 투항의식이 열렸다. 천이가 중국 정부를 대표해 정식 선언했다. "오늘을 기해 타이완과 펑후(澎湖) 열도는 중국이다."

타이완학련은 들떴다. 이튿날, 성대한 경축 시위를 주재했다. 수만 명이 거리로 뛰쳐나왔다. 국기 청천백일기(靑天白日旗)와 '민족의 자립과 자강' '봉건관념 타파' '동맹군 만세' '미군 만세' '국군 만세' 등 온갖 표어가 시내를 뒤덮었다. 가가호호, 등불을 밝히고 조상의 영전에 항전 승리와 국적 회복을 고했다.

행정장관공서(行政長官公署)는 타이완 전 성의 군사와 입법권·사법권·행정권을 장악했다. 국민정부는 타이완인을 믿지 않았다. "도처에 일본 글자가 난무하고, 하는 짓이 일본인인지 중국인인지 구분이 안 간다. 모국어도 잊은 지 오래다. 작가라는 사람들이 우선 일본어로 써놓고 모국어로 번역하는 꼴을 보니 한숨이 나온다"며 무시했다. "사람 축에 못 든다. 일본의 노예들이다."

타이완인들은 대륙에서 나온 사람들을 외성인(外省人)이라 부르며 경원시했다.

행정장관공서는 처장 18명과 부처장 중 17명을 외성인으로 채웠다. 타이완 출신은 한 사람밖에 없었다. 시장이나 현장도 4명에 불과했다. 나머지 13명은 깡그리 외성인이었다. 자치와 참정의 기회가 왔다고 환호하던 타이완인들은 실망했다. 국민당과 미국을 원망하기 시작했다. 연달아 사건이 터졌다.

1946년 7월 19일, 일본 도쿄 시부야(渋谷)에서 일본 경찰과 타이완 화교 사이에 유혈극이 벌어졌다. 화교들의 피해가 컸다. 5명이 사망하고 18명이 중경상을 입었다. 미군 헌병이 진압에 나섰다. 화교 36명을 체포했다. 미 군사법정은 이들을 해외로 추방했다.

타이완인들은 격앙했다. 미군에게 말 한마디 못 하는 국민당과 난징의 국민정부를 향해 "이거나 먹으라"며 팔뚝질을 해댔다. 타이완학련은 지식청년들을 중심으로 반미 시위를 벌였다. 호응이 약하고 구호도 싱거웠다.

중공은 타이완을 주목했다. 조직과 선전의 귀재들이 머리를 맞댔다. 상하이국(上海局) 산하에 '타이완 공작위원회'를 신설했다. 타이완 출신 당원들을 타이완 주요 도시에 파견했다. "지하 공작을 통해 당원을 확보해라." 타이베이(臺北)와 타이중(臺中)에 노동조합이 탄생했다.

타이완의 초기 중공 당원은 70명에 불과했다. 적은 숫자였지만, 한결같이 최일류 지식인이었다. 세상 어디에 내놔도 손색없는 우수한 청년들이다 보니 영향력이 만만치 않았다. 중요 교육기관을 순식간에 장악해버렸다. 좌익 사조가 학원가에 범람했다. 중공 당원들은 토착세력으로 구성된 타이완 공산당과는 선을 그었다.

시부야 사건의 여파가 지지부진하자, 좌익 청년들은 타이완학련에 손을 내밀었다. 타이완학련의 구성원들은 순수했다. 내민 손을 덜컥 잡아버렸다. 공동으로 집회를 열었다. 타이완학련은 의아했다. 참가 단체가 예상외로 많았다. 구호도 예사롭지 않았다. "미제(美帝)의 화교 박해에 엄중히 항의한다.""미국의 일본 우파세력 부식에 항의한다.""미국은 고도의 전략적 음모를 중지해라." 시위대는 저지선이건 뭐건 아랑곳하지 않았다. 미국 영사관에 항의 문

중국 국적 회복에 환호하는 시민들.
1945년 10월 26일 오후, 타이베이.

서를 전달하고 행정장관공서를 에워쌌다.

타이완 광복 1주년을 앞두고 장제스가 타이베이를 방문했다. 기념식에도 직접 참석했다. 단상에 화색이 감돌고 용춤이 요란했다. 단하의 반응은 냉담했다. 국군을 환영하던 열정은 불과 1년 사이에 타버린 잿더미처럼 싸늘했다. 옛 총독부 문전에 "개새끼 간 자리에 살찐 돼지가 왔다"는 내용의 만화가 걸렸다.

미국 기자가 타이완대학 노(老)교수를 방문했다. 노교수는 타이완인의 불만을 숨기지 않았다. "나는 미국인이 일본인에게 관대하고 타이완인에게 잔혹한 이유를 알 수 없다. 너희 미국은 일본에 원자탄을 두 개밖에 투하하지 않았다. 우리 타이완에는 그 1,000배에 해당하는 장제스를 투하했다." 3개월 후, 엄청난 사건이 벌어졌다.

미군이 여대생 성폭행, 발칵 뒤집힌 베이핑

2009년 5월, 혁명 만화가 딩충(丁聰)이 사망했다. 후진타오(胡錦濤)가 당과 정부를 대표해 부인 선쥔(沈峻)에게 조의를 표했다. 5년 후, 선쥔이 세상을 떠났다. 딩충 부인이 사망했다는 보도는 거의 없었다. 한때 세상을 떠들썩하게 했던 선충(沈崇)이 눈을 감았다며 특집을 내보냈다.

이야기는 근 70년 전으로 거슬러 올라간다. 시부야 사건 이후, 미국에 대한 타이완인들의 불만은 집권 국민당에 대한 원망으로 이어졌다. 수그러질 무렵, 대륙에서 엉뚱한 일이 발생했다.

1946년 11월, 장제스의 국민정부는 미국과 우호통상항해조약(友好通商航海條約)을 체결했다. 미국은 중국에서 정치·군사·문

민국 시절, 베이핑의 여대생들.

신혼 시절의 선쥔(왼쪽)과 딩충.
1957년 봄, 베이징.

화·경제 등 모든 면에서 온갖 특권을 누렸다. 6만 명에 달하던 미 해병대원과 전국에 산재한 군사고문단의 행패는 볼만했다. 중국인들의 분노가 폭발 일보 직전이었다.

1946년 12월 24일, 베이핑 시(市) 정부는 객지에서 성탄절을 맞는 미군들에게 푸짐한 선물을 안겼다. 중국 술과 요리로 만찬을 즐긴 미군들은 외출을 서둘렀다. 그날 밤, 베이징대학 선수반(先修班) 여학생 선충은 엄마가 보내준 멋진 코트를 입고 왕푸징(王府井)의 사촌 언니 집을 나섰다. 걸어서 잠깐 거리인 극장에서 타이론 파워(Tyrone Power)가 나오는 영화가 상영 중이었다.

열아홉 번째 생일을 앞둔 선충은 타이론 파워의 열렬한 팬이었다. 관람을 마친 후, 창안제(長安街)를 터덜터덜 걸었다. 방금 본 영화 장면들이 머리에서 떠나지 않았다. 갑자기 미군 두 명이 양옆에 나타났다. 입을 틀어막고 범인 연행이라도 하듯이 인근 숲으로 끌고 가 눈 위에 자빠뜨렸다. 많이 해본 솜씨였다.

선충은 반항했다. 비명을 듣고 달려온 노동자 한 명이 미군의 발길질에 나가떨어졌다. 노동자는 파출소로 달려갔다. 미 해병대 상사 피어슨은 경찰의 체포에 순순히 응했다. 나머지 한 명은 도망친 뒤였다. 보고를 받은 베이핑 경찰국장은 전화통에 매달렸다. 사건을 덮어버리기로 결심했다. 민영인 야광통신사(亞光通信社)가 낌새를 채고 관영인 중앙통신사(中央通信社)에 협조를 요청했다.

중앙통신사는 각 신문사에 공문 비슷한 걸 발송했다. 내용도 그럴듯했다. "야광통신사발(發), 모 대학 여학생과 술 취한 미군 사이에 벌어진 일은 베이핑 경찰국이 미국 측과 교섭 중이다. 경찰국은 수치를 느낀 여학생이 자살할까 우려한다면서 보도 자제를 요청해 왔다.”

베이핑 언론계에는 중공 지하당원이 많았다. 중앙통신사의 요구를 한 귀로 흘려버렸다. 대학 지하조직 책임자 위안융시(袁永熙)와 천롄(陳璉) 부부에게도 지령을 내렸다. 중공의 미남계에 넘어가 위안융시와 결혼한 천롄은 장제스의 최측근 천부레이(陳布雷)의 딸이었다.

사건 발생 5일 후, 베이핑의 유력 일간지들이 짤막하게 보도했다. “대학생 500여 명이 베이징대학에 집결해 정의연합회(正義聯合會)를 구성했다. 최근 발생한 미군의 여학생 모욕 사건에 항의하기로 합의했다. 범인의 징벌과 배상을 요구하고, 다시는 이런 일을 일으키지 않겠다는 확답을 받기 위해 시위에 나서기로 의결했다.” 이튿날, 2,000여 명이 거리로 나왔다. 한 신문은 중앙통신사가 보낸 협조 공문까지 보도해버렸다.

소식이 퍼지자 전국의 학생 50만 명이 들고일어났다. 눈 하나 꿈쩍 않던 국민당 기관지도 ‘베이핑 주둔 미군의 중국 여학생 강간’ 소식을 큼지막하게 보도했다. 전국의 신문들이 줄을 이었다. 12월 31일 밤, 수도 난징의 여학생들은 미국 대사관으로 몰려갔다. 스튜어트(John Stuart) 대사와의 면담을 요구했다. 스튜어트는 말이 미국인이지 중국인이나 다름없었다. 명문 옌징대학(燕京大學)의 설립자답게 처신했다. 장제스의 공관에서 열린 신년맞이 행사에 가느라 학생들을 만나지는 못했지만 직접 서명한 편지를 남겼다. “나도 베이핑 주둔 미 해군 당국의 철저한 조사결과를 기다리는 중이다. 범법 사실이 확인되면 군사법정에 회부함이 마땅하다."

이튿날, 학생들이 다시 스튜어트와의 면담을 요구했다. 스튜어트는 주변의 만류를 뿌리쳤다. 학생들은 세 가지를 요구했다. "범인을 징벌해라. 중국인들에게 사과해라. 미군은 중국에서 철수해라." 참석자가 기록을 남겼다.

"스튜어트는 학생들의 애국과 열정에 감동했다며 우리를 치하하고 위로했다. 요구사항도 본국에 전달하겠다며 모두를 안심시켰다."

스튜어트와 학생들의 만남이 보도되자 전국이 요동쳤다. 국민정부는 학생들의 미군 철수 요구에 당황했다. 행정원 명의로 성명을 발표했다. "우리 여학생 추행사건은 병사 개인의 행위다. 범인은 법률의 준엄한 심판을 받으리라 기대한다. 중·미 양국의 우의가 개인의 행위나 우방국 국민에 대한 모욕 때문에 손상되어서는 안 된다. 교육기관과 지방 행정기관은 이 점을 유의해 계도에 열중하기 바란다."

국민당 정보기관이 음해성 소문을 퍼뜨리기 시작했다. 교수들은 한술 더 떴다.

미군 성폭행 덮으려다 역풍 맞은 국민당

민심은 변덕이 심하다. 사춘기 여자애들보다 더하다. 항일전쟁 초기, 국민당의 지배력은 확고했다. 3년이 지나자 민심이 국민당을 떠났다.

1939년 가을, 한 시인이 감찰위원 류청위(劉成禹)의 분노를 일기에 담았다.

"중국 민족이 망한다면 국민이 우매해서가 아니다. 모든 것은 정부 때문이다. 감찰을 받아야 마땅할 놈들이 감찰한답시고 눈알을 부라리다 보니, 정부의 감찰 기능이 완전히 마비됐다. 중국인들은 무슨 일이 있을 때마다 하늘의 뜻이라며 체념한다. 국민정부가 망하지 않는다면 하늘의 뜻은 없는 거나 마찬가지다. 인간을 지배하는 것은 감정(感情)이지 이성(理性)이 아니다. 국민당은 국민의 감정도 제대로 다스리지 못했다. 개(狗)민당 소리들을 날이 멀지 않았다."

미군의 중국인 폭행은 선충 사건 전에도 있었다. 1946년 9월 22일 밤, 상하이 황푸탄(黃浦灘)에서 인력거꾼과 미군 사이에 싸움이 붙었다. 코를 물어뜯긴 미군은 인력거꾼의 정수리를 후려갈겼다. 숨이 끊어질 때까지 주먹질을 멈추지 않았다. 3개월 후에 벌어진 선충 사건에 비할 바가 아니었지만, 중국인들은 인명재천(人命在天), 사람의 수명은 하늘이 주는 것이라며 담담해 했다. 파장이 크지 않다 보니 미국 신문도 가볍게 다뤘다. "중국은 사람이 워낙 많다. 1,000명 사망은 숫자에 불과하고, 한 명의 비명횡사는 한 사람의 비극으로 끝난다. 모욕을 당해도 낯빛이 변하지 않는 민족이다."

국민당 정보기관은 선충에 대한 악소문을 퍼뜨렸다. "대학생이

일본 패망 후 중국의 대도시에는 이런 모습이 흔했다.
1946년 12월, 상하이.

아닌, 밤마다 미군부대 주변을 서성이던 거리의 여자다. 성폭행했다는 미군과는 원래부터 친구 사이다. 경찰이 달려갔을 때 미군이 '이 여자는 내 친구니 상관 말라'고 했다. 자칭 여대생이라는 여자도 미군의 말을 부인하지 않았다."

베이징대학에 벽보가 나붙었다. "선충은 옌안에서 파견한 공산당 특무요원이다. 미국과 중국을 이간질하기 위해 온갖 기술을 동원해 미군을 유혹했다. 대학생을 선동하려는 공산당의 계략에 이용당하지 말자."

언론기관에 잠입해 있던 중공 지하당원이 교무처로 달려갔다. 학적부를 뒤졌다. 선충의 이름과 연락처가 있었다. "베이징대학 학생이 분명하다"며 고향과 베이핑의 주소까지 보도했다.

베이징대학 여학생회도 진상 파악에 나섰다. 학생 대표 8명이 선충의 거처를 방문했다. 며칠 후, 방문기를 각계에 배포했다. "선충은 명문 집안 딸이다. 할아버지 선바오전(沈葆楨)은 양강총독(兩江總督)과 타이완 순무(巡撫)를 역임했고 아버지는 교통부 차장을 지냈다. 베이징대학 학생처장도 한집안이다. 외가도 출중하다. 엄마가 청나라 말기 서구사상 전파에 힘쓴 린친난(林琴南)의 딸이다."

여성계는 성명 대신 「수난자에게 드린다」(給受難者)는 시를 발표했다.

"너는 2억 중국 여인의 수난을 대신했다. 아니다, 4억 중국인의 수난을 혼자 감당했다."

중국에서 철수하는 미군.
1947년 봄, 칭다오(青島) 인근.

여학생들은 통곡하며 거리로 나왔다. 남학생들은 더 길길이 뛰어댔다.

베이징대학 교수들은 전전긍긍, 한숨만 내쉬었다. 점잖다는 소리 듣던 철학과 교수가 총장 후스(胡適)의 등을 떠밀었다. "팔짱만 끼고 있지 마라. 직접 나서서 수습해라." 후스는 결정적인 순간에 뒤로 빠지는 습관이 있었다. 성명서 대신 교육부장 주자화(朱家驊)와 교수들에게 선충 사건을 상세히 설명하는 편지를 보냈다. 끝으로 덧붙였다. "피해자가 변호사를 선임했다. 우리도 변호사를 구하자. 현재 미군은 외출 금지령을 내렸다. 그 안에서 무슨 일이 벌어지는지 알 수가 없다. 대학에는 법률 전문가가 많다. 관심 가져주기를 호소한다."

기자들이 후스를 방문했다. 후스의 대답은 기자들을 실망시켰다. "신문을 보고 알았다. 현재 아는 게 별로 없다. 진상 파악 중이다. 조속한 시일 내에 합법적인 해결을 희망한다. 사실이라면 국민들의 분개는 당연하다. 중국인 특유의 도덕적인 문제다 보니 학생들의 시위도 이해는 간다. 수업 거부는 안 된다. 학생이 있을 곳은 교실이지 거리가 아니다."

미군 철수 요구에 대한 소감도 피력했다. "그건 정치 문제다. 이 사건과는 별개다. 이미 낡아빠진 구호라 별 의미가 없다. 미군이 주둔하는 한, 언제고 나올 수 있는 구호다."

문제는 시기였다. 국·공담판이 파열되고 내전 폭발 일보 직전이었다. 미군 주둔 여부는 민감한 문제였다. 상황을 주시하던 중국 공산당 중앙위원회(이하 중공 중앙)는 유엔 창설 문제로 미국에 체류 중이던 둥비우(董必武)와 청년들에게 신망 높던 우위장(吳玉章)에게 급전을 보냈다. 강간이라는 말을 처음 썼다. "베이핑에서 미군이 중국 여학생을 강간했다. 애국운동 조성에 노력하기 바란다. 대도시는 물론이고, 해외 화교들에게도 널리 알려서 시위를 벌이도록 해라."

시위가 계속되자 미국은 중국이라면 넌덜머리를 냈다. 중국 원조를 중지했다.

60여 년 후, 선충이 사망하자 사건이 다시 도마 위에 올랐다. "폭력 흔적 없는 강간사건"이라는 요상한 결론이 났다.

2월 28일, 분노의 날

"수재들의 반역은 경험과 용기가 부족하다."

미군 반대 시위 확산되자 '외곽' 때린 노련한 마오

인간은 희망을 먹고산다. 결국은 실망과 좌절이라는 만고의 진리를 뻔히 알면서도 항상 까먹는다. 항일전쟁 승리 후, 중국인들은 희망에 들떴다. 환호는 잠시, 세상은 더 꼴불견으로 돌아갔다. 지식인들은 잘난 척하느라 시간 가는 줄 몰랐다. 고위 공직자들은 미꾸라지 근성을 맘껏 뽐냈다. 요리 빠지고 조리 빠지며 아랫사람 윽박지르고 높은 사람 눈치 보느라 정신이 없었다. 재주도 있었다. 남 평계 대는 솜씨 하나는 세상 어디에 내놔도 빠지지 않았다. 우파는 맹목적이고 좌파는 유치했다. 국·공 양당은 내전 준비에 골몰했다.

태평양전쟁 시절, 중국은 제2차 세계대전의 3대 전구(戰區) 중 하나였다. 미국은 중국전구에서 중국군과 대일 작전을 함께했다. 일본 패망 후, 동맹국 자격으로 국·공 양당의 조정에 나섰다. 중국인들은 미국에 호감을 느꼈다. 맹우이며 민주국가인 미국이 나서면 내전 종식과 연합정부 출범도 가능하다고 믿었다. 1945년 12월, 미 대통령 특사로 중국에 온 마셜(George Marshall)에게 희망을 걸었다. "마셜 원수는 제2차 세계대전의 영웅이다. 국·공 간의 모순

미군의 폭행에 항의하며 미군 철수를 외치는 여학생들.
1947년 1월, 수도 난징.

을 공정하게 조정해줄 사람이다. 우리는 하느님과 마셜을 믿는다."

마셜은 진저리를 내며 중국을 떠났다. 중국인들의 희망은 여전했다.

"3개월 만에 18년간 쌓여 있던 내전 위기 해결의 돌파구를 마련했다. 중국을 대신해 평화·민주·단결·통일 대업의 기초를 공고히 했다. 장제스 주석과 마오쩌둥 주석의 영명한 영도에 감사해야 함이 마땅하지만, 마셜 장군의 성의와 인내에 더 감사해야 한다. 세 사람의 밀접한 합작이 없었다면 중국의 새로운 역사는 성공할 방법이 없었다. 빨리 돌아와 중국이 평화와 단결의 대로(大路)로 나갈 수 있도록 도와주기를 기대한다."

마셜은 기대를 저버리지 않았다. 1946년 4월 말, 다시 중국 땅을 밟았다. 국민정부에 5억 달러를 지원하기 위해 왔다는 소문이 퍼졌다. 중공은 손이 미치는 언론기관을 깡그리 동원했다. 미국의 내정 간섭을 우려하는 글들이 지면을 장식하기 시작했다. "정확한 의도를 몰랐을 때 마셜은 우리의 유일한 희망이었다. 미 해군 제7함대가 얼렁뚱땅 칭다오로 이동하고, 트루먼(Harry Truman)은 조차(租借) 연장을 요구했다. 미국은 진작부터 군사 대표단을 파견해 국민당 군대를 훈련시켰다. 미국의 간섭과 지원이 그치지 않는 한 중국의 내전이 중지될 가능성은 없다." 비슷한 논조의 글들이 줄을 이었다.

6월 하순, 내전의 막이 올랐다. 시사만화가 딩충을 필두로 100여 명의 문인·예술가들이 미국 정부에 보내는 서신을 공개했다. "중국에 주둔 중인 미군을 즉각 철수해라. 공정한 태도로 중국의 내전

말년의 선췬(왼쪽)과 딩충.
2007년 겨울, 베이징.

종식에 협조하기 바란다."

며칠 후, 트루먼이 스튜어트를 중국 대사에 임명했다. 좌파 지식인과 언론은 만세를 불렀다. "현명한 선택이다. 중국에서 태어나 반평생을 중국에서 보낸 사람이다. 중국의 운명에 관해 어느 미국인보다 관심이 많다. 미국의 중국 정책이 변했다는 신호로 봐도 된다. 마셜은 엉터리다. 스튜어트야말로 우리의 희망이다."

스튜어트의 첫 번째 담화는 실망 그 자체였다. "미국의 중국 정책은 변한 것이 없다. 방식은 수정할 생각이다."

국부 쑨원(孫文)의 부인 쑹칭링(宋慶齡)은 미국 사정에 밝았다. "중국 인민을 대표하는 정부가 성립되기 전까지 미국은 현 정부에 대한 군수물자 공급과 경제 지원을 중지해주기 바란다"며 침묵을 깼다.

8월 26일, 사태를 관망하던 민주인사들이 기자 간담회를 자청했다. "미국의 일방적인 국민당 지원은 평화를 추구하는 중국인의 기본 정서에 위배된다. 국민당은 미국의 지원만 있으면 중공을 격퇴할 자신이 있다고 호언장담했다. 내전 2개월이 지났지만 국민당은 상대를 제압하지 못했다. 중국의 평화는 미국이 국민당 지원을 중단할 때 시작된다."

선충 사건은 발생 시점이 묘했다. 중공이 개입했다는 소리를 들을 만도 했다. 미군 비난 시위가 전국으로 번지자 마오쩌둥이 대(大)전략가의 면모를 드러냈다. "학생운동은 애국운동이다. 누구도 막을 수 없다"며 뤼순(旅順)에 주둔 중인 소련 해군의 철수를 요구했다. "당장 중국에서 떠나라. 계속 남아 있으면 내전을 중지하고 소련과 싸우겠다." 국민당과 미국은 거론도 하지 않았다.

선충 사건은 반기아(反飢餓), 반내전(反內戰) 운동으로 번졌다. 상처를 받은 선충은 상하이로 돌아왔다. "네 이름은 충산준링(崇山峻嶺)에서 따왔다"는 할아버지의 말이 생각났다. 선쥔으로 개명한 후 푸단대학(復旦大學) 외국어학과에 입학했다. 중학교 때부터 잘했던 영어는 듣기도 싫었다. 러시아어에 머리를 싸맸다. 신중국 성립 후 딩충을 만나 가정을 꾸렸다.

선충 사건은 타이완 청년들에게도 영향을 미쳤다. 1947년 2월 27일, 엄청난 사건이 타이베이에서 발생했다.

담배 때문에 터진 2·28사건

항일전쟁 기간, 중공도 타이완을 소홀히 하지 않았다. 전쟁 승리 후 간부들을 타이완으로 파견했다. 중공 타이완 성 공작위원회를 설립하고 지식 청년들에게 파고들었다.

1946년 6월, 국·공담판이 파열됐다. 중국은 내전에 휩싸였다. 그해 겨울, 베이징에서 선충 사건이 터지자 타이완의 학원가도 술렁였다.

장제스는 타이완의 중공 활동이 위협적인 수준은 아니라고 판단했다. 타이완 성 행정장관 천이에게 편지를 보냈다. "타이완은 정토(淨土, 깨끗한 곳)다. 잘 보존토록 해라." 천이도 동감했다. 깨끗한 섬에 걸맞는 문민 통치를 펴겠다며 대륙에서 파견한 군인들을 철수시켰다.

천이는 여자는 가까이했지만 술과 담배라면 질색이었다. 부하들

타이완 성 행정장관 천이는
국민당군 1급상장이었지만
문민통치 신봉자였다.
1941년 1월, 푸젠(福建) 성 주석 시절의 천이.

에게 술 마시고 담배연기 내뿜을 시간 있으면 여자와 놀러 다니라고 권할 정도였다. 그러다 보니 술과 담배를 생활필수품으로 치지 않았다. 타이완에 부임하자마자 "즐기는 사람에게만 필요한 물건"이라며 전매를 실시했다. 밀수와 밀매업이 성할 수밖에 없었다. 전매국은 단속을 엄격히 했다. 대신 밀매음(密賣淫)은 내버려뒀다.

2·28사건의 도화선은 담배였다. 1947년 2월 27일, 전매국 단속반과 경찰이 담배 밀매 현장을 덮쳤다. 동작 빠른 사람들은 오토바이를 타고 사방으로 흩어졌다. 외제 담배 가판상으로 생계를 유지하던 린장마이(林江邁)라는 여인이 현장에서 붙잡혔다. 나이 40세, 1남 1녀를 거느린 과부였다. 단속반은 담배 50보루와 현금 6,000위안을 몰수했다.

공권력은 묘한 속성이 있다. 남발하거나 과하면 탈이 나게 마련이다. 린장마이는 제발 돌려달라고 애걸복걸했다. "남에게 빌린 돈으로 구입한 물건이다. 이게 없으면 우리 가족은 당장 굶어 죽는다." 단속원이 밀쳐버리자 바짓가랑이를 붙잡고 늘어졌다. 단속원은 린장마이의 어깻죽지를 곤봉으로 후려갈겼다. 린장마이는 이를 악물고 바짓가랑이를 놓지 않았다. 군중들이 술렁거렸다. 단속원에게 욕을 퍼부어댔다. 여기저기서 돌멩이가 날아왔다. 린장마이의 머리는 피범벅이 됐다.

군중들은 단속원의 폭행 때문이라고 단정했다. 흥분을 가누지 못했다. 단속반을 에워싸고 두들겨 팼다. 사람이 점점 늘어났다. 도망가던 경찰과 단속반을 군중들이 에워쌌다. 이들의 기세는 등등했고 분위기는 살벌했다. 공포를 느낀 경찰 한 명이 실탄을 발사했

타이완에서 철수하는 국민당군.
1946년 2월, 지룽(基隆).
1년 후, 2·28사건이 발생했다.

다. 부인 심부름을 나왔던 천원시(陳文溪)라는 초혼의 청년이 즉사했다.

군중들은 격분했다. 타이베이 경찰국으로 몰려갔다. 경찰국은 전매국에 책임을 떠넘겼다. "너희들 때문이다. 직접 와서 해결해라." 전매국 상무위원과 순시조 조장이 경찰국으로 달려왔다. 군중들에게 싹싹 빌었다. 효과가 없자 순시원들을 헌병대에 넘기겠다며 얼버무렸다. 그날 밤, 군중들은 씩씩거리며 거리를 헤맸다. 경찰차 한 대가 잿더미로 변했다.

2월 28일, 새날이 밝았다. 일부 청년들이 꽹과리를 두드리며 중심가를 누볐다. 상인들에게 파시(罷市)를 호소했다. 상인들은 너나 할 것 없이 상점 문을 닫았다. 비명에 죽은 천원시는 타이베이의 밤을 지배하던 천무룽(陳木榮)의 친동생이었다. 오전 9시, 천무룽의 부하와 친구들이 천원시의 시신을 메고 사건 발생 지역의 파출소에 나타났다. "총 쏜 놈 나오라"며 춤추고 통곡하며 온갖 타악기를 두들겨댔다. 진정을 권하는 파출소장을 죽지 않을 정도로 두들겨 패고 파출소를 때려 부쉈다.

시간이 갈수록 시위 참여자가 3,000여 명으로 늘어났다. 전매 분국이 눈에 띄자 밀고 들어갔다. 이곳에도 순시원들이 있었다. 2명이 맞아 죽고 4명은 죽기 일보 직전이었다. 창고에는 압수해온 술·담배·성냥이 가득했다. 시위대는 마당에 끌어내 불을 질렀다. 차량들도 온전치 못했다. 구경꾼들도 가만있지 않았다. 만세를 부르며 합세했다.

시위 행렬은 끝이 보이지 않았다. 닥치는 대로 불 지르며 전매 총국으로 향했다. 시위군중 대표 5명이 전매 총국장에게 요구서를 제출했다. "총기를 사용한 경찰관을 민중들이 보는 앞에서 총살해라. 사망자 유족에게 후히 보상해라. 담배 밀수를 근절하고 순시원 제도를 폐지해라. 총국장은 민중들에게 사과해라." 총국장은 부재중이었다. 부국장은 연신 머리를 조아리며 고개만 끄덕였다. 대표들은 울화가 치밀었다. "뭐 이런 놈이 있느냐"며 머리통을 쥐어박고 나왔다. 확답을 못 받은 시위대는 전매국 직원 숙소로 몰려갔다. 전임 국장을 찾았다. 부인과 함께 달아났다는 말을 듣자 직원 숙소를 불 질렀다. 한 채도 남기지 않았다.

오후가 되자 시위 행렬은 행정장관공서를 조준했다. 도중에 일본도와 각목, 일본군이 버리고 간 총기를 휴대한 폭력배들이 합세했다. 평소 천이는 행정장관공서에 무장 병력을 배치하지 않았다. 문전이 한산했다. 놀란 경비원이 공포탄을 발사했다. 몇 명이 쓰러졌다.

타이완에 잠복해 있던 70여 명의 중공 지하당원들이 분주하게 움직이기 시작했다.

예정된 충돌

2·28사건은 우연이 아니었다. 50년에 걸친 일제의 타이완 통치 후반기는 수탈과 거리가 멀었다. 타이완을 남진(南進) 거점으로 삼기 위해 공업·전력·교통·항만시설 건설에 적극적이었다. 고구마처럼 생긴 섬은 물산도 풍부했다. 농업은 말할 것도 없었다. 탐낼만한 섬이었다.

1943년 11월 말, 루스벨트(Franklin Roosevelt), 처칠(Winston Churchill), 장제스는 이집트 카이로에 모여 타이완의 중국 귀속에 합의했다. 장제스는 귀국과 동시에 타이완 접수 준비를 서둘렀다. 행정장관으로 파견할 사람을 숙고했다. 천이 외에는 적합한 사람이 없었다. 타이완 간부훈련반을 신설하고 천이를 주임에 임명했다. 측근들에게 이유를 설명했다. "군사 지식이 풍부하고 정치력이 불만하다. 사상도 흠잡을 데 없다. 일본에 정통하고, 타이완 사정에도 밝다. 푸젠 성 주석을 오래 역임하다 보니 푸젠에 기반이 단단하다. 타이완은 고산족(高山族, 원주민)을 제외하면 푸젠 사람이 대부분이다. 우리는 타이완을 잘 모르고, 타이완도 중국을 잘 모른다. 천이가 적격이다." 찜찜한 부분도 실토했다. "고위 공직자일수록 청렴하고 강직한 사람보다 영악하고 지저분한 것들이 부려먹기 쉽다. 천이도 사람이다 보니 흠투성이다. 너무 청렴하고 아랫사람 거짓말에 잘 넘어간다. 치부했다는 소문은 천이를 모르는 사람들이 입에서 나오는 대로 하는 소리다."

천이에 관한 미국 외교관의 기록을 소개한다.

"장제스보다 다섯 살 많다. 같은 저장(浙江) 성 출신이다. 일본 육군사관학교에서 수학하고 상하이 비밀결사에 가입하는 등 비슷한 점이 많다. 푸젠 성 주석 시절 반(反)장제스세력을 축출하고 현지의 재정을 농단(壟斷)했다. 일본 고위 관리나 기업인들과 친분이 두텁다. 이들의 잇속을 챙겨주며 자신도 치부했다. 부인은 일본 게이샤 출신이다. 부인과 사별했다는 말에 속아서 천이와 결혼했다고 한다. 항일전쟁 발발 2년 전인 1935년, 대표단을 이끌고 타이완에 간 적이 있었다. 일본의 타이완 통치 40주년을 축하하며 일본 정부의 타이완에 대한 공로에 경의를 표했다. 루거우차오 사변 이후에도 푸젠 성의 반일운동을 진압하며 일본과의 왕래를 그치지 않았다. 타이완의 명망가 중에는 푸젠 성의 괴현상을 이해하는 사람이 많았다고 한다. 천이는 일본에 투항한 국민정부 2인자 왕징웨이와 한통속이라는 소문이 나돌자 전시 수도 충칭으로 소환됐다. 장제스의 신임은 여전했다."

천이는 푸젠과 광둥 출신 관원들을 선발했다. 타이완과 인접한 샤먼(廈門)의 명문 샤먼대학과 지메이(集美)학교에 우수한 학생을 추천해달라는 공문을 보냈다.

일본 패망 후 타이완을 접수한 천이는 일제가 남긴 재산 접수에는 성공했지만 인심(人心)은 접수하지 못했다. 국·공내전이 발발하자 국민당은 일본이 타이완에 비축해놓은 물자들을 대륙으로 이전했다. 이 과정에서 행정장관공서 관원들의 추태는 잔칫상 받은 걸인들보다 더했다. 천이 본인만 청렴했지 관원들의 부패는 일본 통치 시절보다 더했다. 타이베이를 비롯한 대도시의 물가가 폭등했다.

학생들도 불만이 많았다. 대륙에서 온 교사들은 중국어를 못 하는 학생들을 개·돼지 취급했다. 온종일 모아놓고 국가(國歌)만 부르게 했다. 발음이 조금만 틀려도 두들겨 팼다. 학원가에 노래 한 곡이 유행했다. "총독의 위풍은 견딜 만했다. 장관의 흉악함은 감당하기 힘들다. 늑대 떠난 자리에 호랑이가 들어앉았다. 지옥에서

국민당은 타이완에 국어(베이징어) 보급과 국가 교육을 강제로 실시했다.
해만 지면 거리마다 이런 광경이 벌어졌다.
1946년 2월, 타이완 중부 다자(大甲).

탈출하니 불구덩이가 있을 줄이야. 우리는 조국을 잊은 적이 없었다. 조국인지 뭔지는 어디에 있는지 사방을 둘러봐도 찾을 길 없다." 대륙과 타이완을 구분하기 시작했다. 바다 건너온 사람을 '외성인'이라 부르며 저주했다. 충돌은 시간문제였다.

대형 사건의 원인은 간단하다. 시대를 막론하고 관료들의 자부심과 특권의식, 이상주의자에게 부여한 요상한 권한 때문이라고 단정해도 된다. 2·28사건도 마찬가지다. 충칭에서 파견한 접수 관원들 대다수가 유아독존(唯我獨尊)이었다. 행정장관공서를 천이회사(陳儀公司)라고 불러도 할 말이 없을 정도였다. 구호만 그럴듯하고 성의가 없었다.

주둔 부대 일부는 대륙에서 급조한 부대였다. 엄격한 훈련을 거치지 않은 보충병들이라 군기가 엉망이고 밖에만 나오면 별짓을 다하고 다녔다. 북방 출신들은 말로만 듣던 바나나 맛에 혼이 빠졌다. 양손에 바나나를 들고 다니며 부녀자들을 희롱했다. 접수 요원 중에 항일 영웅이나 진정한 애국자는 극소수였다. 국가 이익은 도외시한 채 금덩어리·여자·주택·승용차에만 집착했다.

타이완인들에게도 책임은 있었다. 지식인들은 일본의 식민지 교육에서 탈피하려는 노력이 부족했다. 처절한 희생을 감수했던 50년간의 대일 투쟁을 제대로 부각시키지 못했다.

공산당의 사주였다는 주장은 근거가 없다. 타이완 공산당은 일부 지역 외에는 2·28사건이라는 대규모 항폭(抗暴)을 펼 만한 능력이 없었다.

일본 유학 시절의 천이(앞줄 오른쪽)와
문호(文豪) 루쉰(뒷줄 오른쪽).
1904년, 도쿄.

국민당군의 무자비한 진압

중국인들에게 구전되는 말이 있다. "수재들의 반역은 성공한 적이 없다. 말이나 계획만 그럴듯할 뿐 결국엔 실패로 끝난다. 이유는 간단하다. 경험과 용기가 부족하고 무장세력의 지지를 받지 못하기 때문이다."

타이완의 2·28사건도 그랬다. 사망자가 발생하자 행정장관 천이는 계엄령을 선포했다. 순찰하던 사병들이 총기를 함부로 다뤘다. 닥치는 대로 발포했다. 밤새 총성이 그치지 않았다.

한밤을 공포로 지새운 시민들은 날이 밝자 폭민(暴民)으로 변했다. 천이에 대한 화풀이를 바다 건너온 외성인에게 해댔다. 관공서와 외성인이 경영하는 상점을 습격했다. 규모에 비해 사망자는 극소수였다. 원성의 대상은 천이 한 사람이지 외성 동포가 아니었다.

국민당 타이완 성 대표와 타이베이 시의원 등이 사태수습에 나섰다. 행정장관에게 '계엄 해제' '구금자 석방' '발포 금지' '관민 합동처리위원회 구성' 등을 요구하기로 의결했다.

천이는 이들의 의견을 수용했다. "금일 자정을 기해 계엄을 해제한다. 사망자에게 20만 위안을 지급한다. 2월 27일에 부상당한 담배 상인에게 치료비 5만 위안을 지급한다. 사후 처리를 위해 2·28사건 관민처리위원회를 구성한다. 타이완 성 행정장관은 처장 5명을 위원회에 파견한다."

타이베이의 폭민들은 천이의 성명에 아랑곳하지 않았다. 3월 2일, 사방에서 크고 작은 병원을 습격했다. 부상으로 입원 중인 외성인들을 끌어내 구타했다. 국립 타이완대학과 성립(省立) 타이완

사범대학 학생들, 고교생 수천 명이 중산당에 집결했다. '정치민주' '교육자유'를 내걸고 시민들의 폭거를 지지했다. 남부도시 가오슝(高雄)에서는 경찰서가 모조리 털렸다. 외성인들의 시신이 거리, 골목 할 것 없이 난무했다.

당황한 천이는 처리위원들을 불러 모으고 수습안을 내놓았다. "폭행 참가자들의 행위를 불문에 부친다. 체포된 사람들을 전원 석방한다. 내성인, 외성인 할 것 없이 사상자들에게 보상금을 지급한다. 처리위원회에 각계 민간 대표들을 추가 영입한다."

3월 3일 오후, 처리위원회 첫 회의가 열렸다. 심상치 않은 요구가 나왔다. "군인들은 금일 오후 6시까지 병영을 떠나라. 헌병 대신 학생들이 치안을 전담한다. 이들에게 숙식을 제공하라. 경찰을 해산하라." 행정장관공서 대표들이 이의를 제기하자 민간 대표들이 맞받았다. "공무원들은 도망가고, 경찰관들도 제복을 벗고 근무지를 떠났다. 달리 방법이 없다." 천이가 파견한 5명은 이날 이후 회의장에 나타나지 않았다.

좌파학생들은 들떴다. 비밀회의를 열었다. 좌익문화 전파자 궈슈충이 모임을 주도했다. 항일 경력이 있는 청년 지식인의 한마디는 무게가 있었다. "문화투쟁(文鬪)에 종지부를 찍을 때가 왔다. 무장투쟁(武鬪)을 전개하자." 3월 8일로 거사 날짜까지 못 박자 질문이 잇달았다. "무장투쟁을 하려면 무기가 있어야 한다." 궈슈충은 한마디로 일축했다. "이미 준비됐다. 타이베이 학생을 중심으로 학생군만 조직하면 된다." 신중한 사람들은 의아해했고, 급한 축들은 흥분했다. 궈슈충의 중공 입당 사실을 알 턱이 없었다.

1945년 10월, 타이완 성
행정장관으로 타이베이에 부임한
천이(오른쪽).

처리위원회는 지방에 분회를 신설하고 공상은행(工商銀行)에 2,000만 위안을 요구했다. 전국의 청년들에게 타이완청년자치총동맹 결성을 촉구하고 강령까지 만들었다. 정치개혁안도 통과시켰다. "행정장관공서 비서장과 처장 과반수를 타이완인으로 충당한다. 공공사업은 타이완인이 책임지고 경영한다. 언론·집회·파업의 자유를 보장한다." 받아들일 수 없는 내용들이었다. 천이는 난징의 장제스에게 진압을 위한 파병을 요청했다. 처리위원회는 강제해산시켰다.

3월 8일, 국민당군 1개 사단이 가오슝과 지룽에 상륙했다. 무자비한 진압이 시작됐다. 청년 2만여 명이 목숨을 잃었다. 미국의 한 대학에 재직 중인 타이완 출신 여교수의 회고를 소개한다.

"아버지는 대륙 출신, 엄마는 토종 타이완 사람이었다. 2·28사건 당시 나는 겨우 네 살이었다. 국민당군은 기관총을 난사하며 상륙했다. 얼마나 무서웠던지 두려움이 평생 머리에서 떠나지 않았다. 흔히들 타이완 동포들만 수난 당했다고 오해하는 사람이 많다. 엄밀히 말하면 2·28사건은 대륙 출신 동포들에게도 공포의 시기였다. 사건 초기, 타이완인들은 가까이 지내던 외성인을 보호하느라 정신이 없었다. 국민당군이 상륙한 후에도 마찬가지였다. 타이완인들을 닥치는 대로 학살할 때 타이완 동포를 보호한 외성인도 많았다. 아버지도 사건 초기, 타이완인들 덕분에 목숨을 건졌다."

문화활동을 통해 타이완인의 항일을
주도하던 시절의 귀슈충(앞줄 왼쪽 둘째).

장제스 사후 3년간 타이완 총통을 역임한 옌자간(嚴家淦)은 사건 초기 타이중에 출장 중이었다. 명망가 한 사람이 숨겨주는 바람에 손끝 하나 다치지 않았다. 이 지역은 외성인에 대한 배척이 유난히 심했다.

2·28사건은 주도세력이 없는 우발적인 사건이었다. 처리위원회도 고만고만한 사람들끼리 모이다 보니 확실한 지도자가 없었다. 과부들만 양산한 채 허망하게 끝났다.

전쟁의 그림자

"새벽이 뭔지도 모르고, 황혼도 제대로 느끼지 못했다."

타이완의 반격, 해상돌격대

6·25전쟁 정전협정 20일 전인 1953년 7월 7일, 국민당군은 진 먼도(金門島)에 연합지휘부를 신설했다. 7월 16일, 진먼 방위사령 관과 미군 고문단이 지휘하는 국민당 대부대가 푸젠 성 둥산도(東山島)에 상륙했다. 전투기와 탱크의 엄호를 받으며 낙하산부대와 합류한 상륙부대는 여섯 시간 만에 둥산도를 점령, 청천백일기를 휘날리며 만세를 불렀다. 중공의 수비 능력을 조롱하며 패기만만 했다.

환호도 잠시, 중공의 반격이 시작됐다. 둥산도 주둔군에 샤먼·취안저우(泉州)·산터우(汕頭)의 지원군이 합세해 상륙부대를 공격했다. 이틀간 치열한 전투가 벌어졌다. 주둔군은 오합지졸이 아니었다. 전투력이 지원군을 능가했다. 국민당군 3,400여 명이 전사하고 항공기와 탱크가 고철로 변했다. 마오쩌둥은 신이 났다. "국민당과의 마지막 전투에서 승리했다"며 직접 성명을 발표했다. "둥산 보위전의 승리는 둥산과 푸젠의 승리가 아니다. 전국의 승리다."

한반도에 포성이 멎자 냉전시대가 열렸다. 소련과 신중국은 미국과 냉각기에 들어섰다. 대규모 군사충돌 가능성이 줄어들었다. 타이완 국민정부의 반공대륙(反攻大陸) 계획은 위기에 처했다. 당과 군 수뇌부는 새로운 반공 계획 수립에 골몰했다.

1955년 1월, 왕년의 대(大)특무 취정원(谷正文)의 제안이 주목받았다. "명나라 시절, 연해지역을 엉망으로 만든 왜구(倭寇)를 따라 하자"며 정성공(鄭成功) 부자가 해상에 건립했던 군사기지를 언급했다. "해안지역에서 무장소동을 일으키면 중공을 혼란에 빠뜨릴 수 있다."

대륙 시절, 요인 암살로 명성을 떨쳤던 국방부 정보국 국장 마오런펑(毛人鳳)은 취정원의 의견을 흘려듣지 않았다. 장제스에게 "무장세력을 대륙에 침투시키겠다"고 보고했다. 장제스는 긴말하지 않았다. 고개만 끄덕였다.

정보국은 퇴역 군인 중에서 해상돌격대를 물색했다. 아무리 건장하고 용감해도 사고 친 전력이 있으면 제외시켰다. 일본 고베(神戶)에 거점도 마련했다. 정박 중인 대륙 선원들을 매수해 연해지역 정보를 수집했다.

같은 해 12월, 인내와 흉악함의 상징이었던 마오런펑이 심장병으로 급서했다. 신임 정보국장은 해상 침투에 흥미가 없었다. 1960년 예샹즈(葉翔之)가 정보국장에 취임했다. 예샹즈는 대륙문제 전문가였다. 취임과 동시에 해상을 통한 대륙 침투를 추진했다. 수중 폭파요원 양성에 매진하고 해상돌격대를 발족시켰다. 해상돌격대는 하루가 멀게 대륙 연안을 습격했다. 날이 갈수록 산둥에서 광둥에 이르기까지 범위가 확대됐다. 중공의 반격도 만만치 않았다.

훈련 중인 해상돌격대원들.
1960년대 초반으로 추정.

타이완 각계가 주관한 산둥반도 해상돌격대원
개선 환영대회에 참석한 돌격대원들.
가운데 양복 입은 사람은 세계 반공연맹 총재 구정강(谷正綱).
1964년 여름, 타이베이.

1962년, 대륙에 기근이 덮쳤다. 난민들이 홍콩 인근으로 몰려들었다. 국민당 해상돌격대의 출현이 더 빈번해졌다. 마오쩌둥은 긴장했다. 중앙군사위원회에 지시했다. "보하이(渤海) 만(灣)에서 베트남 통킹(東京) 만까지 6,000킬로미터 지역에 주둔하는 인민해방군과 현지 민병은 순시를 게을리 하지 마라. 출항 어선을 엄격히 단속하고, 국민당 돌격대를 섬멸하라." 대륙 해안은 초목이 무성했다. 돌격대가 받는 제약은 한둘이 아니었다. 전멸하는 경우가 허다했다. 그래도 돌격대는 침투를 멈추지 않았다.

1964년은 해상돌격대의 절정기였다. 산둥 침투작전이 가장 성공적이었다. 5월 중순, 정보국은 야전부대 출신 16명을 선발해 산둥 성 반공구국단(反攻救國團)을 출범시켰다. 구국단은 한국을 경유해 목적지로 향했다. 부(副)대장 위둥다이(于東垈)는 군문을 떠난 지 20년이 지난 56세였다.

6월 1일 밤 8시, 상륙에 성공한 돌격대는 열 시간가량 격전을 벌였다. 인민해방군 30여 명을 쓰러뜨렸다. 희생자 없이 모함(母艦)으로 와보니 두 명이 보이지 않았다. 두 명이 상륙정 고장으로 표류한 사실을 알 턱이 없었다.

낙오된 두 명의 돌격대원은 배가 대륙으로 향하지 않게 하기 위해 풍향계에서 눈을 떼지 않았다. 4일간 허기와 추위를 견디며 소변으로 목을 축였다. 한국 어선을 만나 구조됐을 때, 한 명은 이미 이 세상 사람이 아니었다. 응급수술로 몸에 박힌 실탄을 제거한 나머지 한 명은 동료의 유골을 안고 타이완으로 돌아왔다. 와보니 재가 된 한 명 외에는 희생자가 없었다.

산둥반도 돌격대의 쾌거에 타이완 전역이 떠들썩했다. 연일 친
정부 시위대가 거리를 메웠다. "국제 환경이 어떻게 변하건 국민당
정부의 반공대륙 정책과 결심은 절대 변하지 않는다."

1970년대에 들어서자 장제스의 건강이 전과 같지 않았다. 대권
을 장악한 장징궈(蔣經國)는 반공대륙 대신 타이완 건설을 표방했
다. 1975년, 중국은 감옥에 있던 국민당 간첩을 석방했다. 해상돌
격대 출신 56명도 홍콩 땅을 밟았다.

1987년, 장징궈가 대륙 방문을 허락했다. 1990년 가을, 82세의
위둥다이도 26년 전 추억의 해변을 찾았다. 현지 공안국의 융숭한
대접을 받았다.

타이완 정보국 자료에 의하면 해상돌격대원은 2,000명 내외였
다. 그중 600여 명이 타이완인이고 나머지는 대륙 출신이었다.

하루아침에 과부촌이 된 마을

먼 옛날부터 푸젠 성 둥산도 퉁보촌(銅鉢村)은 타이완 어부들의
쉼터였다. 누적된 피로를 밥 먹고 술 마시며 풀다 가곤 했다. 그러
다 보니 흔히들 타이완촌(臺灣村)이라 불렀다. 주민들은 고기잡이
와 농사 외에는 관심이 없었다. 항일전쟁 시절에도 화약 냄새와는
거리가 멀었다.

국·공내전은 이 작은 어촌의 평화를 망가뜨렸다. 1950년 3월,
대륙에서 패배한 국민당군은 진먼도에 거점을 마련했다. 정예
2,700여 명을 둥산도에 투입했다. 당시 둥산도 주민은 7,000여 명
이었다.

4월 말, 중국 인민해방군이 푸젠 성 전역에 깃발을 꽂았다. 5월 1일, 하이난도(海南島)를 장악하고 둥산도를 포위했다. 공격은 시간문제였다. 돌격명령만 기다렸다. 둥산도에 주둔해 있는 국민당군도 전쟁이 임박했다고 판단했다. 주둔군 증병(增兵)을 서둘렀다. 주민들을 닥치는 대로 징발했다. 약 3,000명에게 국민당군 군복을 입혔다.

퉁보촌은 깡촌 중에 깡촌이었다. 외부 소식이 늦다 보니 주민들의 일상은 평소와 다름이 없었다. 남자들은 바다에 나가고 여인들은 농사와 집안일에 열중했다. 5월 9일까지는 그랬다. 5월 10일 새벽 2시, 철수하던 국민당군이 퉁보촌을 덮쳤다. 마을 입구에 기관총부터 걸어놓았다.

퉁보촌 '과부 진열관' 관장의 구술을 소개한다.

"단꿈을 꾸던 주민들은 요란하게 문 두드리는 소리에 잠을 깼다. 조심스럽게 문을 열었다. 총검을 착검한 국민당군 사병들이 살벌한 모습으로 서 있었다. 잠이 싹 달아났다. 상부 지시로 호구조사를 실시한다며 무조건 끌고 갔다."

국민당군은 장정 285명을 마을 사당 앞에 집결시켰다. 그중 147명을 진먼도행 함선에 쓸어 넣었다. 91명은 처자식이 있는 가장이었다. 연령도 17세에서 55세까지 다양했다.

그날 밤, 퉁보촌 여인들의 밤은 유난히 길었다. 동이 터도 남편들은 돌아올 기미가 보이지 않았다. 청천벽력 같은 소문이 귓전을 때

2005년 과부촌을 방문한
타이완 행정원장 셰창팅(謝長廷, 앞줄 왼쪽 둘째).

렸다. "끌려간 남자들은 한 명도 빠짐없이 국민당 군함을 타고 어디론가 떠났다." 여인들은 어린애를 등에 업고 해변으로 달려갔다. 평소 꼴 보기 싫을 때도 많았지만, 그날따라 남편 그림자도 보이지 않았다.

장정들이 끌려간 다음 날, 인민해방군 제3야전군이 둥산도에 상륙했다. 흩어져 있는 촌락을 점령하며 국민당군을 추격했다. 하루 아침에 국민당군 가족이 된 여인들은 남편이 죽기라도 했을까봐 가슴을 졸였다.

비슷한 운명에 처한 여인들은 하는 일도 크게 다르지 않았다. 눈만 뜨면 밭에 나가 일하며 자녀와 시부모를 돌봤다. 해변에 배가 들어온다는 소식을 접하면 하던 일을 내던지고 바닷가로 달려갔다. 배를 향해 남편의 이름을 불러댔다. 배가 떠나면 실성한 사람처럼 주저앉아 통곡했다. 해가 지면 문 앞에 앉아 오지 않을 사람을 기다렸다. "네 남편은 영원히 오지 않는다"며 재가를 권하는 노인들이 있었지만 쓸데없는 소리였다. 섬 전체에 젊은 남자라곤 씨가 말라버렸다.

38년이 후딱 지나갔다. 퉁보촌 여인들은 국민당 가족이라며 박해를 받지 않았다. 문화대혁명(文化大革命, 이하 문혁) 시절에도 보호를 받았다. 1987년 9월, 타이완『자립만보』(自立晚報) 기자 두 명이 둥산도를 찾아왔다. 두 사람은 타이완촌이 과부촌(寡婦村)으로 바뀐 것을 보고 깜짝 놀랐다. 전 세계에 퉁보촌 여인들의 비극을 타전했다.

38년 전, 17세 아들과 헤어진 노모가 임종 직전 써놓고 부치지

과부촌을 처음 보도한 쉬루(徐璐, 왼쪽)와 리융더(李永得).
타이완 정부 허가 없이 대륙을 방문해 물의를 일으켰다.

못한 편지도 공개됐다.

"너를 몇십 년간 기다렸다. 네가 워낙 보고 싶어서 죽지도 못했다. 지금 나는 깊은 병에 걸렸다. 너는 내 편지를 받을 방법이 없고, 나는 이 세상을 떠난다. 나는 죽어서도 눈을 감지 않겠다. 태평 시절, 네가 처자와 함께 고향에 돌아와 내 무덤에 향 사르는 모습을 보면 그때 지하에서 눈을 감겠다."

말이 편지지 유서나 마찬가지였다.

3개월 후, 타이완 총통 장징궈가 대륙 출신 퇴역군인들의 고향 방문을 허락했다. 퉁보촌을 찾은 남편과 재회한 여인들의 소감은 한결같았다. "남편과 만났나?" "만났다." "어떻드냐?" "늙었더라." "가면서 뭐라고 했느냐?" "또 오겠다고 했다."

노래 한 곡이 유행했다. 가사가 처절했다. 우리말로 도저히 옮길 재간이 없지만 대충 소개한다.

"새벽이 뭔지도 모르고, 황혼도 제대로 느끼지 못했다. 하늘에 떠 있는 구름도 눈에 들어오지 않았고, 거리의 가로등도 나와 상관이 없었다. 눈앞이 캄캄하고, 뭘 봐도 음침할 뿐, 아직도 너는 나를 바보처럼 기다리게만 했다."

인간으로 태어난 이상, 단 하루도 전쟁과 죽음의 공포에서 벗어날 방법이 없다. 죽음은 어쩔 수 없지만, 어느 나라 국민이건 전쟁을 막을 수 있다고 큰소리치는 지도자를 선호한다. 대신 평화를 외치며 화를 부추기는 지도자에게는 넌덜머리를 낸다. 자신과 후손의 평화를 위해서라면 그 어떤 대가도 감수할 수 있기 때문이다. 그만큼 평화가 중요하다.

통보촌의 장정들은 거의 다 세상을 떠났다. 과부 13명은 아직도 건재하다.

희생양이 된 형제들 3

"구린 곳을 숨기려는 지도자는
궁지에 처할 때마다
단결을 요구한다."

4대 가족의 마지막 생존자

"형제는 중국 역사상 가장 가난한 권력자였다."

장제스를 설명하려면 천치메이부터 시작해야 한다

20여 년 전만 해도 천리푸(陳立夫)에 관한 얘기를 하는 사람들이 종종 있었다. 한반도가 불구덩이였던 1950년 8월 24일 타이베이의 총통관저, 장제스가 천리푸를 불렀다. 모질게 한마디 하고 자리를 떴다. "24시간 안으로 타이완을 떠나라. 가족과 함께 미국으로 가라. 내가 죽기 전에는 돌아오지 마라."

쑹메이링(宋美齡)이 천리푸를 위로했다. "미국에 가면 교회를 열심히 나가라." 천리푸의 대답은 엉뚱했다. "영수(領袖)에게 버림받은 몸이 상제(上帝)는 믿어서 뭘 하겠습니까."

2001년 2월 8일 타이완 중부도시 타이중, 며칠 전까지 멀쩡하던 102세 노인이 세상을 떠났다. 뉴욕에 있던 쑹메이링은 천리푸의 사망소식을 흘려듣지 않았다. 측근이 구술을 남겼다.

"평소처럼 신문에 실린 중국 관련 기사를 읽어드렸다. 그날따라 행동이 평소와 달랐다. 온종일 흔들의자에 앉아 창밖만 내다봤다. 손수건이 자주 눈 쪽으로 갔다."

1931년 국민당 중앙조직부 부(副)부장 시절,
상하이 문화예술인 집회에서 연설하는 천리푸.

감회가 새롭기는 하와이에서 만년을 보내던 장쉐량(張學良)도 마찬가지였다. 천리푸의 사진이 실린 『뉴욕타임스』를 옆에 있던 간호사에게 건네며 웅얼거렸다. "정말 지독하고 복잡한 사람이었다. 나보다 1년 먼저 태어났다. 염라대왕에게 나를 뭐라고 했을지 궁금하다." 8개월 후, 장쉐량도 인간세상을 뒤로했다.

대륙의 지인들은 전화통에 불이 날 정도였다. 국민당 통치 시절, 천리푸와의 은원(恩怨)을 회상하며 저우언라이가 생전에 했던 말을 되새겼다. "우리의 적 중에서 가장 존경할 만한 사람이었다." 중공도 무심치 않았다. 국영통신사 신화사(新華社)가 사망소식을 전국에 타전하며 애도를 표했다. 언론매체는 말할 것도 없었다. "장(蔣)·쿵(孔)·쑹(宋)·천(陳) 중국 4대 가족의 마지막 생존자 천리푸 선생이 사망했다"로 시작되는 기사를 연일 내보냈다. 한결같이 중국문화 선양과 중국의 통일을 위해 헌신한 후반생을 찬양했다.

타이완은 대륙과 딴판이었다. "총통부 국책고문 천리푸가 사망했다"며 1947년 5월 26일 미국 시사주간지 『타임』의 표지인물이었다는 소개가 고작이었다. 그럴 만한 이유가 있었다. 국민당은 예전의 국민당이 아니었다. 대륙 시절, 약관의 나이에 형 천궈푸(陳果夫)와 함께 국민당의 당권을 장악해 "장제스 천하 천씨의 정당"(蔣家天下陳家黨) 소리를 들으며 군림했던 천리푸의 사망소식에 별 흥미가 없었다.

천리푸는 어릴 때부터 지하에서 벌어지는 일이 궁금했다. 어딜 가건 손윗사람들에게 땅을 가리키며 같은 질문만 해댔다. "이 밑에 뭐가 있나요?" 지상에서 벌어지는 일도 모르는 사람들이 땅속에 뭐가 있는지 알 턱이 없었다. 청년이 되어서도 궁금증은 풀리지 않았다. 톈진(天津) 베이양대학(北洋大學)에서 채광학(採鑛學)을 전공했다.

미국 피츠버그대학 채광학과에 유명 교수가 많다는 말을 듣자 마음이 들떴다. 형 귀푸가 있는 광저우로 갔다. 천귀푸는 황푸(黃埔)군관학교에서 사용할 무기 조달에 여념이 없었다. 천리푸의 계획을 듣자 고개를 끄덕였다. "나는 돈이 없다. 삼촌에게 가자." 형제가 말하는 삼촌은 황푸군관학교 교장 장제스였다.

형제를 만난 장제스는 천리푸를 끌어안고 눈물을 글썽였다. 평소에는 도저히 볼 수 없는 모습이었다. "많이 컸구나. 너를 보니 잉스(英士)를 보는 듯하다." 잉스는 딴사람이 아니었다. 형제의 친삼촌 천치메이(陳其美)였다.

장제스는 죽는 날까지 쑨원, 증국번(曾國藩), 천치메이 세 사람을 존경했다. 중국인들 사이에 노래처럼 떠도는 말이 있다. "신해혁명을 말할 때 쑨원을 빠뜨릴 수 없다. 쑨원을 말할 때 천치메이를 빠뜨릴 수 없다. 중화민국 건립에 위안스카이(袁世凱)를 빠뜨릴 수 없다. 위안스카이를 논하려면 천치메이를 빠뜨릴 수 없다. 장제스를 빠뜨린 국민당 역사는 휴지조각이다. 장제스를 설명하려면 천치메이부터 시작해야 한다." 장제스를 혁명의 길로 이끈 사람이 천치메이였다.

천치메이는 쑨원의 오른팔 왼팔이었다. 그러다 보니 대총통 위안스카이에게는 눈엣가시였다. 자객을 보내 죽여버렸다. 위안스카이의 위세가 하늘을 덮고도 남을 시절이다 보니 다들 눈치 보기에

제1차 국·공합작 시절,
국민당 원로(元老) 장징장(張靜江, 의자에 앉은 사람)을
방문한 천궈푸(왼쪽)와 천리푸(뒷줄 오른쪽 둘째).

급급했다. 그 누구도 장례는커녕 천치메이의 시신조차 수습하지 않았다.

도쿄에서 달려와 방치돼 있던 천치메이의 시신을 염(殮)하고 성대한 장례를 치른 사람이 장제스였다. 그만큼 사이가 친밀했다.

장제스에게 천치메이의 친조카 귀푸와 리푸는 친자식이나 다름없었다. 천치메이는 후손이 없었다. 천리푸는 장제스가 보내준 돈으로 미국 유학을 마쳤다. 정치에는 관심이 없었다. 귀국 후 산둥성에 있는 탄광에 취직했다. 체질에 맞았다. 탄광 생활은 오래가지 못했다. 1926년 여름, 장제스의 부름을 받았다. 황푸군관학교 교장실 기요비서(機要秘書, 중요 문건을 담당하는 정보비서)를 시작으로 관계에 발을 디뎠다. 직책은 중요하지 않았다.

장제스를 혁명으로 이끌다

천귀푸와 천리푸 형제에게는 삼촌이 둘 있었다. 세상 구경은 막내 삼촌 천치차이(陳其采)가 먼저 했다. 1898년, 청나라 정부는 유학생 선발시험을 실시했다. 상하이에서 고학 중이던 천치차이도 일본 유학의 꿈을 이뤘다. 육군사관학교를 1등으로 졸업하자 여기저기서 손을 내밀었다. 젊은 나이에 후난 성 군사학교(武備學堂) 총교관으로 부임했다.

큰삼촌 천치메이는 대기만성(大器晚成)형이었다. 다섯 살 때 글을 깨우쳐 신동 소리를 들었다. 의협심도 남달랐다. 여덟 살 때 불길에 휩싸인 친구를 구했다. 가는 곳마다 대접을 받았다. 열다섯 살 때 부친이 세상을 떠나자 돈벌이에 나섰다. 전당포에 취직했다. 이

1915년 9월 25일, 위안스카이 타도를 위해
귀국하기 직전 도쿄에서 동지들과 합영(合影)한
천치메이와 쑨원(앞줄 왼쪽 넷째와 다섯째).

유가 명쾌했다. "돈 있는 곳에 가야 밥을 굶지 않는다." 타고난 강심장에 계산이 치밀하다 보니 주인의 눈에 들었다. 12년간 싫은 소리를 한마디도 듣지 않았다. 전당포는 인간세상의 애환과 염량세태(炎凉世態)를 엿볼 수 있는 묘한 곳이었다. 세상사 별게 아니라는 것을 진즉에 깨달았다. 어린 조카 궈푸와 리푸는 툭하면 야단만 치는 아버지보다 삼촌 천치메이를 더 잘 따랐다.

동생의 성공에 천치메이는 충격을 받았다. "잘돼야 전당포 주인"이라며 직장부터 때려치웠다. 동생을 찾아가 고개를 숙였다. "큰 도시로 나가고 싶다. 일자리를 알아봐주기 바란다." 천치차이는 친구 아버지가 운영하는 상하이 비단공장에 소개장을 써줬다. 전당포 근무경력 탓인지 금전 출납을 도맡았다.

비단공장 회계나 전당포 직원이나 그게 그거였다. 금방 싫증이 났다. 비밀결사 청방(靑幇)을 노크했다. 청방은 천치메이를 받아주지 않았다. "돈 장수 밑에서 노예 생활하던 인간 말종이다."

천치메이는 실망하지 않았다. 낮에는 열심히 일하고, 해만 지면 사창가를 찾았다. 상하이의 사창가는 청방의 독무대였다. 그간 모은 돈을 2년 만에 다 날렸다. 밤거리 여인들의 인기를 독차지하고 청방 단원들과도 친분을 쌓았다. 다시 동생에게 하소연했다. "나도 너처럼 일본으로 가겠다. 수중에 돈이 한 푼도 없다. 훗날 몇 배로 갚겠으니 좀 내놔라." 1906년 봄, 스물아홉 살 때였다.

일본 땅을 밟은 천치메이는 혁명에 투신키로 작정했다. 우선 도쿄 경찰학교에 입학했다. 도쿄에는 쉬시린(徐錫麟), 추진(秋瑾), 장징장 등 저장 성 출신 혁명가들이 몰려 있었다.

천치메이(뒷줄 왼쪽 넷째) 형제와 조카들.
천리푸와 천궈푸(앞줄 오른쪽부터).
1911년 전후로 추정.

저장 성 출신들은 거의가 광복회(光復會) 회원이었다. 천치메이는 남들에 비해 늦게 혁명에 눈떴다. 저장 출신이었지만 광복회와는 연줄이 없었다. 광둥 성 사람 쑨원이 영도하는 동맹회(同盟會)에 가입했다. 말수가 적고 표정이 없다 보니 쑨원의 주목을 끌지 못했다.

장제스도 천치메이와 비슷한 시기에 일본 땅을 밟았다. 두 사람은 죽이 잘 맞았다. 허구한 날 붙어다녔다. 천치메이는 아홉 살 어린 장제스의 청이라면 뭐든지 들어줬다.

천치메이가 일본에 있는 동안 상하이의 혁명세력은 전멸상태였다. 쉬시린과 추진의 죽음으로 저장은 더 심했다. 쑨원은 위기를 직감했다. 광둥과 윈난에서 무장폭동을 시도했다. 결과는 생각하기 싫을 정도로 처참했다. 혁명 지도자들은 뿔뿔이 흩어졌다. 광복회도 동맹회와 철저히 결별했다.

천치메이도 일본을 떠났다. 혁명당의 씨가 말라버린 상하이에 깃발을 꽂았다. 해외에 있던 쑨원은 "내우외환의 상황에서 혁명세력을 일신했다"며 천치메이를 주목하기 시작했다.

천치메이의 행보는 거침이 없었다. 무술학교를 건립해 훠위안자(霍元甲)를 교사로 초빙하고, 한 번 본 사람은 꼭 친구로 만들었다. 청방도 천치메이를 함부로 하지 못했다. 제 발로 찾아와 두목 자리를 권했다. 저장의 자본가들은 천치메이의 방문을 고대했다. 동맹회 가입 수락서를 내밀면 군말 없이 서명했다. 문화인들도 마찬가지였다. 당시 상하이 상인협회는 무장력을 갖추고 있었다. 천치메이는 이들도 장악해버렸다. 위유런(于右任)의 『민립보』(民立報) 창간도 천치메이의 도움이 없었으면 불가능했다.

장제스를 동맹회로 이끈 사람도 천치메이였고, 쑨원에게 데리고 간 사람도 천치메이였다. 1911년 10월 10일, 후베이 성 우창에 혁명의 총성이 울렸다. 천치메이는 저장과 장쑤의 혁명당원들에게 무장봉기를 독려했다. 직접 상하이 병기창을 접수하고 도독(都督)에 취임했다. 일본에 있던 장제스도 상하이로 불러들였다. "결사대를 이끌고 항저우를 점령하라." 장제스는 천치메이를 실망시키지 않았다.

천치메이는 난징에서 학업 중인 큰조카 천궈푸도 상하이로 불렀다. 장제스에게 앞날을 부탁했다. 천궈푸의 회고를 소개한다.

"삼촌은 입원 중인 병실에서 쑤저우(蘇州) 일대의 혁명 공작을 지휘하고 있었다. 장 선생을 처음 만났다. 위엄과 기품이 넘쳤다. 삼촌에게 그렇게 공손할 수가 없었다."

장제스와 천씨 형제의 인연도 시작은 평범했다.

직업혁명가로 들어서며 장제스와 손잡은 천궈푸

미국 시사주간지 『타임』의 설립자 루스(Henry Luce)는 천궈푸와 천리푸 형제에게 관심이 많았다. 천리푸의 학식을 높이 평가하는 사람이 많았지만, 중국 사정에 정통했던 루스의 견해는 달랐다. 천궈푸에게 높은 점수를 줬다.

"나는 국민당과 특무기관을 장악했던 형제의 정당 활동이나 정치적 업적에는 흥미가 없다. 형제는 중국 역사상 가장 가난한 권력자였다. 인품이나 생활 습관이 나의 관심을 끌기에 충분했다. 천궈푸는 무슨 일이건 능수능란하고 청렴했다. 겸손하고 접근하기도 쉬웠다. 동료나 아랫사람들의 존경을 받았다. 그러다 보니 장제스도 함부로 대하지 않았다. 아는 것도 많았다. 안 읽은 책이 없다는 생각이 들 정도였다."

천리푸도 형에 관한 기록을 남겼다.

"궈푸는 삼촌 천치메이의 영향을 많이 받았다. 대단한 교육은 받지 못했지만 존경받을 만한 특징이 있었다. 책 사는 것 외에는 특별한 취미가 없었다. 어릴 때부터 돈 몇 푼만 있으면 책방으로 달려갔다. 이른 아침 유서 깊은 상무인서관(商務印書館)이나 중화서국(中華書局)에 가면 하늘이 붉게 변해도 나올 생각을 안 했다. 기호(嗜好)도 전혀 없었다. 술은 입에도 대지 않았고, 담배도 피울 줄 몰랐다. 평생 백화점 가서 어슬렁거린 적이 없고, 극장도 가는 법이 없었다."

다른 사람들의 회고도 별 차이가 없다.

천궈푸는 수양이 잘된 사람이었다. 성격이 급하고 과격했지만, 일 앞에선 침착하고 상대가 누구건 정중했다. 격무로 건강이 엉망이다 보니 의학, 특히 전통의학에 관심이 많았다. 50여만 자에 달하는 의학 관련 저서를 직접 집필하고 노래 가사도 많이 창작했다. 고서화 감상도 수준급이었다고 한다. 책 몇 줄 읽거나 말 몇 마디 주워듣고 아는 척하기 좋아하는 사람을 경멸했지만, 내색은 안 하는 교양인이기도 했다. 단, 공산당원과 국민당 좌파만은 예외였다. 국물도 없었다.

후스는 인물 평가에 인색했다. 최고 통치자 장제스를 면전에 대놓고 비판해 사람들을 간 떨어지게 한 적이 한두 번이 아니었다. 이런 후스조차도 천궈푸만은 높이 평가했다. 베이징대학 총장 시절 술자리에서 천궈푸를 거론한 기록이 남아 있다.

"사람이나 일에 대한 학자들의 평가를 보면 불공평한 점이 많다. 천궈푸 선생의 전집을 읽거나 직접 접해보면 정말 대단한 사람이라는 생각이 든다. 대학 문턱에도 못 가본 사람의 다방면에 걸친 학식과 경륜, 수준과 공력에 입이 벌어질 지경이다. 베이징대학에도 천궈푸만 한 연구 성과를 남긴 교수들이 몇 안 된다. 천치메이 선생은 훌륭한 조카를 뒀다. 저팔계 백 명이 손오공 하나만 못하다는 옛말이 맞다."

내친김에 정치권 눈치나 보는 교수들에게도 일침을 가했다.

"국민당의 몽둥이만도 못한 학자들이 우리 대학에 수두룩하다. 이런 사람들일수록 불평도 많고, 바라는 것도 많고, 사람 귀한 줄도 모른다. 수명만 길다."

항일전쟁 승리 후 천궈푸(둘째 줄 오른쪽 여섯째)의
방문을 환영하는 중앙정치학교 회원들.
1946년 6월 8일, 상하이.

천귀푸는 천씨 집안의 장손이었다. 열네 살 때 셋째 삼촌 천치차이 덕에 후난의 명문 중학에 입학했다. 워낙 좋은 학교라 기초를 단단히 쌓을 수 있었다. 삼촌이 난징으로 전근 가는 바람에 전학한 학교는 수준 이하였다. 후난에서 좋은 교육을 받은 천귀푸는 항상 1등만 했다.

새로 옮긴 학교의 교장과 교사들은 학생들 급식비까지 손대는 엉터리들이었다. 참다못한 학생들이 수업을 거부하자며 소요를 일으켰다. 천귀푸는 소요에 아랑곳하지 않았다. 훗날 틈만 나면 당시를 회고했다.

  "한 달간 학교가 어수선했다. 나는 참여하지 않았다. 매일 텅
  빈 교실에서 책 보며 졸업시험 준비에 열중했다. 학생들은 결국
  실패했다."

수업 거부에 종지부를 찍은 학생들은 천귀푸를 배신자라며 손가락질해댔다. 더 이상 학교를 다닐 수 없을 정도였다. 난징을 떠난 천귀푸는 항저우에 있는 육군소학(陸軍小學)에 합격했다.

육군소학 도서관은 잡지가 많기로 유명했다. 천귀푸는 졸업하는 날까지 온갖 잡지와 씨름했다. 시야가 넓어지자 점점 말수가 적어졌다. 친구들에게 "소박데기 할망구 같다"는 소리를 들었다.

신해혁명 발발 6개월 전인 1911년 4월, 육군소학을 졸업한 천귀푸는 동맹회에 가입했다. 만 20세, 많지 않은 나이였다. 삼촌을 따라가 쑨원을 만났다. 어찌나 감격했던지, 몇 날 며칠 밤잠을 설쳐도

신해혁명 직후 상하이 독군(督軍) 시절의 천치메이.

피곤하지 않았다. 건강이 눈에 띌 정도로 악화됐다. 천치메이가 일본행을 권했다. "혁명은 산 사람이 할 일이다. 병 치료하며 미국이나 유럽으로 유학 갈 준비해라."

천궈푸의 일본 생활은 짧았다. 국민당 총리후보 쑹자오런(宋敎仁)이 암살당하자 중국으로 돌아왔다. 반(反)위안스카이 투쟁에 가담해 직업혁명가의 길로 들어섰다. 1916년, 천치메이가 죽자 장제스와 손을 잡았다. 끈질긴 인연이 시작됐다.

증권에 눈뜬 천궈푸, 쑨원·장제스에게 뒷돈 대다

1916년 5월 18일 오후, 천치메이가 38세의 젊은 나이로 세상을 떠났다. 천치메이는 반위안스카이 투쟁에서 핵심이었다. 실패로 끝났지만 여러 차례 위안스카이 토벌군을 동원하다 보니 위안스카이에겐 눈엣가시였다. 측근을 상하이로 파견했다. "중국을 떠나라며 70만 위안을 건네라. 싫다고 하면 모가지를 들고 와라." 천치메이는 한차례 웃더니 정중하게 거절했다.

위안스카이는 화가 치밀었다. 상하이에 주둔 중인 옛 부하 장쭝창(張宗昌)에게 밀명을 내렸다. "책임지고 천치메이를 없애라." 천치메이는 어딜 가건 경호가 삼엄했다. 암살기도는 번번이 실패했다.

위안스카이는 맘먹은 일은 꼭 해야 직성이 풀리는 성격이었다. 리하이추(李海秋)라는 일류 자객을 고용했다. 상하이에 온 리하이추는 '홍풍매광공사'(鴻豊煤鑛公司)라는 간판을 내걸고 천치메이에게 접근했다. "일본에서 광산자재를 수입하려 한다. 일본은행에서 100만 위안을 대출받고 싶다. 소개비로 30만 위안을 책정해놓

장제스의 북벌 성공 후 동생 천리푸와 함께
국민당 조직과 정보·교육기관까지 장악했던 시절의
천궈푸(앞줄 왼쪽 넷째)와 교육부장 장멍린(蔣夢麟, 앞줄 왼쪽 셋째).
1929년 4월 9일, 수도 난징.

았다."

당시 천치메이가 이끌던 중화혁명당은 자금이 부족했다. 돈 걱정에 밤잠을 설칠 정도였다. 천치메이는 리하이추의 제의를 받아들였다. 사업문제를 의논하기 위해 만나고 싶다는 일행을 집으로 초청했다. 온갖 서류를 내밀며 이 얘기 저 얘기 하던 자객의 총구가 불을 뿜었다.

오밤중에 달려가 천치메이의 시신을 수습한 장제스는 한동안 방황했다. 답답하기는 천궈푸도 마찬가지였다. 정신적 지주였던 삼촌이 사망하자 처갓집 골방에 틀어박혔다. 온종일 한숨만 내뱉으며 기침만 해댔다. 보다 못한 장인이 일자리를 수소문했다. 장인은 상하이 금융가에 아는 사람이 많았다. "은행이건 전장(錢莊, 서구의 현대화된 은행들이 자리 잡으면서 쇠락한 중국의 전통적인 금융기관으로, 은행과 전당포의 중간 정도)이건 상관없다. 선택해라."

천궈푸는 은행이 뭔지 잘 몰랐다. 고향에서 아버지 일을 거들며 드나들던 전장 업무는 낯설지 않았다. 장제스와 의논했다. 장제스는 "네 성격에 은행은 어울리지 않는다"며 전장을 권했다. 천궈푸는 매달 12위안을 받았다. 생활비와 동생 천리푸의 학비 부담에 등골이 휠 정도였지만 비관하지 않았다. 자신을 단련시킬 수 있는 기회라고 생각했다. 폐결핵에 걸린 줄 알면서도 약방만 보면 피해갔다.

어느 시대건 시간과 노력은 보람이 있는 법, 천궈푸는 남보다 빨리 전장의 운영방식과 돈의 회전을 파악해 주인에게 인정을 받았다. 업무상 상인들을 접하며 시장과 금융계 돌아가는 일이 눈에 들

장제스가 정권을 장악한 후,
항저우의 시후(西湖) 변에 세운 천치메이 동상.

어오기 시작했다. 돈 만들 기회도 놓치지 않았다. 좋은 투자처를 발견하자 장제스를 찾아가 1,000위안을 요구했다. 일정한 수입이 없던 장제스는 여기저기 다니며 돈을 구해줬다. "날려도 좋으니 해봐라." 며칠 후, 천궈푸는 1,600위안을 들고 나타났다.

1920년 2월, 상하이 증권교역소가 문을 열었다. 돈도 떨어지고 되는 일도 없던 혁명가들은 증권시장에 얼굴을 내밀었다. 장제스도 빠질 리 없었다. 장징장, 다이지타오(戴季陶) 등과 함께 요즘의 증권회사 비슷한 걸 차렸다. 미래의 총통은 물론이고, 혁명 성인(聖人)이나 당대의 이론가도 증권에 관해서는 어린애였다. 천궈푸를 부르는 것 외에는 뾰족한 방법이 없었다.

천궈푸는 눈만 뜨면 증권교역소에 가서 살다시피 했다. 주식시장을 파악하자 세 사람을 앉혀놓고 투자 계획에 대해 설명했다. 아무리 설명해도 무슨 말인지 알아듣지 못했다. 천궈푸가 화를 내자 장제스가 입을 열었다. "아무리 들어도 뭐가 뭔지 모르겠다. 이럴 땐 아는 사람에게 무조건 맡기는 게 상책이다. 투자할 사람 모아오는 일은 우리에게 맡겨라. 일은 네가 알아서 처리해라." 장제스의 말에 다들 동의했다. 공동 출자자 17명도 순식간에 모아왔다.

증권교역소는 천궈푸의 능력을 맘껏 발휘할 수 있는 천국이었다. 반년 만에 자본금 3만 5,000위안을 50만 위안으로 늘려놓았다. 셈이 핀 천궈푸는 동생 천리푸를 톈진의 베이양대학에 입학시키고, 쑨원의 뒷돈도 넉넉하게 댔다. 장제스도 천궈푸 덕에 여유가 생겼다. 화류계에서 사귄 두 번째 부인을 고향에 보내고, 지금도 중국인들의 뇌리에 "장제스의 북벌부인(北伐婦人)"으로 박혀 있는 천제루(陳潔如)와 살림을 차렸다. 장제스는 상하이에 와 있던 아들 장징궈도 천궈푸에게 부탁했다. 장제스가 장징궈의 열 번째 생일 날 보낸 편지를 소개한다.

"매달 한 번씩 궈푸 형에게 가라. 돈을 타서 책값 외에는 다른 곳에 쓰지 마라. 갑자기 돈이 필요할 때도 궈푸 형을 찾아가면 된다."

하지만 교역소의 호황은 2년 만에 막을 내렸다. 다시 빈털터리가 된 장제스는 쑨원이 있는 광저우로 갔다. 상하이에 남은 천궈푸는 장제스가 나 몰라라 팽개치고 간 일들을 깔끔하게 처리했다. 몇 년 뒤 자신들의 천하가 오리라곤 상상도 못 할 때였다.

장제스를 위해 물불 가리지 않은 천씨 형제

1924년 1월 광둥 성 광저우, 국민당과 공산당이 손을 잡았다. 합작에 성공한 쑨원은 군벌정부 타도에 앞장설 혁명군 양성이 시급했다. 건군(建軍)을 위해 군관학교 설립을 서둘렀다. 상하이 증권교역소 폐쇄로 빈털터리가 된 장제스를 주비(籌備)위원장에 임명했다.

장제스의 혁명세력은 합류가 늦은 편이었다. 경력이나 실력 면에서 대선배들이 수두룩했다. 천치메이 외에는 이렇다 할 후견인이 없었다. 장제스가 황푸군관학교 교장이 되자 상황이 달라졌다. 충성스런 부하와 학생들의 극성맞은 지지를 등에 업고 국민당의 군정대권을 장악했다. 당 조직과 특무기관, 금융기관을 좌지우지했던 천궈푸와 천리푸 형제의 공이 컸다.

황푸군관학교 교장 초기, 장제스는 어려움이 많았다. 상하이에 있는 천궈푸에게 지원을 호소했다. "생도들에게 입힐 군복은커녕 모자와 신발도 없다." 천궈푸는 폐결핵 재발로 입원 중이었다. 장제스의 편지를 접하자 환자복을 집어 던지고 거리로 나섰다. 상하이에는 없는 게 없었다. 군복 500벌과 군화·탄띠 등을 단숨에 구했다. 군수물자라며 까다롭게 구는 세관원들은 매수해버렸다. 군수물자 구매와 운송을 위해 해운회사와도 손을 잡았다.

군복만이 아니었다. 각종 설비는 물론이고, 당장 전쟁에 동원 가능한 말도 세 필이 고작이었다. 중국산 말은 네이멍구(內蒙古)나 신장(新疆)에 가야 제대로 된 것을 구입할 수 있었다. 거리가 멀고 운송수단도 문제였다. 천궈푸는 전장과 증권교역소 시절에 사귄 인맥을 동원했다. 경마장에서 도태된 말들을 헐값에 사들여 광저우로 보냈다. 경주용으로는 적합하지 않았지만, 군사용으로는 손색이 없었다.

장제스를 통해 천궈푸의 활약을 보고받은 쑨원은 기분이 좋았다. 천궈푸에게 친필 서신을 보냈다. "황푸군관학교 모병위원에 위촉한다. 모병은 군수물자 조달보다 더 힘든 일이다. 혁명은 종교와 다르다. 진실된 사람을 찾으려고 애쓰지 마라. 없기도 하지만, 언제 변할지 아무도 장담 못 한다. 새로운 역사는 적당히 황당하고 성실과 교양을 겸비한 사람들의 열정에 의해 탄생한다."

천궈푸는 장쑤, 저장, 안후이(安徽) 3개 성에서 4,000여 명을 모

황푸군관학교 기요비서 시절의 천리푸(앞줄 왼쪽 여섯째)와
장제스의 특무처장 양후(楊虎, 앞줄 오른쪽 셋째).
천리푸와 양후 사이의 여인은 양후의 부인과
군통(軍統)국장 다이리(戴笠)의 연인을 겸했던 천화(陳華).

병했다. 상하이 군벌 루융샹(盧永祥)은 천귀푸의 모병 공작을 방해했다. 예비 생도들은 광저우로 향하던 노상(路上)에서 루융샹의 부하들에게 끌려가 곤욕을 치르는 경우가 허다했다. 천신만고 끝에 상하이 부두에 도착해도 루융샹이 고용한 건달들이 눈알을 부라리며 상선(上船)을 허락하지 않았다. 천귀푸는 친분이 있던 상하이 경찰국 수뇌에게 하소연했다. '도로보수 노동자 상하이 사무소' 간판을 내걸고 모병을 계속했다. 군의관과 박격포 제조 기술자도 천귀푸의 설득으로 황푸군관학교 문턱을 넘었다.

장제스는 사람 욕심이 많았다. 미국에서 학업을 마친 천리푸가 탄광에 취직했다는 말을 듣자 편지를 보냈다. "광저우로 와라. 네가 할 일이 많다." 천리푸는 정치나 군사 문제에 흥미가 없었다. 완곡히 거절했다. 장제스는 포기하지 않았다. 답장을 보내 설득했다. "지금은 혁명에 투신할 때다. 광산에서 도대체 뭘 캐겠단 말이냐. 나와 함께 혁명 광산을 채취하자."

천리푸는 장제스의 성의에 감동했다. 광저우로 가는 형 천귀푸를 따라 나섰다. 황푸군관학교 교장실에 들어갔을 때 장제스는 누구를 야단치고 있었다. 가혹하기가 뭐라 표현하기 힘들 정도였다. 장제스는 천리푸에게 교장실 기요비서 임명장을 줬다. "네가 내 옆에 있게 되니 든든하다"며 싱글벙글하더니 "너를 보니 잉스 생각이 난다"며 눈시울을 붉혔다. 천치메이 부인에 대한 당부도 잊지 않았다. "나는 당연히 그러겠지만, 너도 홀몸이 된 숙모를 잘 모셔라. 너희 형제의 앞날은 내가 책임지겠다. 그렇게 하지 않으면 죽어서 잉스 볼 면목이 없다."

신해혁명 초기의 쑨원(앞줄 가운데)과 천치메이(앞줄 오른쪽).

장제스의 배려는 끝이 보이지 않았다. "나를 친삼촌처럼 알아라. 한집에 살며 밥도 같이 먹자. 요구사항이 있으면 지금 말해라. 다 들어주마." 천리푸는 마다하지 않았다. "충성을 다하겠습니다. 저를 남 앞에서는 야단치지 마십시오. 저 혼자 있을 때는 어떤 심한 꾸지람을 하셔도 됩니다." 장제스는 알았다며 또 훌쩍거렸다. "잉스는 무서운 사람이었지만, 내게는 한 번도 싫은 소리 한 적이 없다. 내가 잉스를 처음 만난 것도 지금 네 나이 때였다." 1924년 가을, 천리푸 24세 때였다.

천씨 형제는 장제스를 위해서라면 물불 가리지 않았다. 1926년 1월, 국민당 제2차 전국대표대회(全國代表大會)에서 감찰위원에 선임된 천궈푸는 천리푸와 함께 장제스의 당권 장악에 착수했다. 광둥 성 중공 조직의 창시자 탄핑산(譚平山)의 수중에 있던 중앙당부(中央黨部)부터 손을 봤다. 중앙당부에 있던 중공 당원들을 믿을 만한 사람들로 한 명 한 명 교체하기 시작했다.

군사정변 일으켜 당 장악에 나서다

자질 갖춘 통치자에게 강력한 힘을 안겨주는 사람은 명참모 소리를 들었다. 천궈푸와 천리푸 형제는 장제스의 명참모였다. 감찰위원 자격으로 국민당 중앙조직부를 장악한 천궈푸는 반공(反共) 인사들을 장시(江西)·저장·윈난·상하이 지구당에 파견했다. "공산당과 결별할 날이 멀지 않았다. 반공을 준비해라." 공산당원이 많은 지역은 책임자를 광저우로 불렀다. 직접 설득에 나섰다. 효과가 있었다.

여론은 장제스에게 불리했다. 장제스는 광저우를 떠나기로 작정했다. 천리푸를 불렀다. "광저우는 내가 있을 곳이 못 된다. 상하이로 가겠다." 부두로 향하는 장제스의 승용차에 천리푸도 동승했다. 창밖만 내다보던 천리푸가 침묵을 깼다. "상하이가 아니면 대사를 이룰 수 없는가?" 장제스가 반문했다. "나는 너무 젊다. 원로들에게 어린애 취급당한다. 고견이 있으면 말해봐라."

천리푸는 차분했다. "광저우를 떠날 이유가 없다. 왜 현실을 피하려고 하는가? 국민정부에서 가장 막강한 제1군 3개 사단이 교장의 수중에 있다. 나머지 7개 군은 별게 아니다. 현재 교장은 광저우 위수사령관까지 겸하고 있다. 지금은 평화시대가 아니다. 난세에는 군을 장악한 자가 천하를 지배한다."

장제스는 왕징웨이를 의식했다. "누가 뭐래도 정부 주석은 그 사람이다. 나를 끌어내리기 위해 안달한다. 맞설 방법이 없다." 천리푸는 동의하지 않았다. "주석은 서생 기질이 강한 사람이다. 여자 앞이라면 모를까, 간이 콩알만 하고 우유부단하다. 소련 고문들도 두려워할 대상이 아니다. 소련인들은 우리의 북벌 정책을 지원하기 위해 와 있다. 현재 북벌군을 지휘할 사람이 교장 외에는 없다는 것을 잘 아는 사람들이다. 주석이 교장을 내치려는 계획에 동의할 리가 없다."

듣고만 있던 장제스가 공산당에 관한 의견을 물었다. 천리푸는 기다렸다는 듯이 입을 열었다. "공산당원들은 목소리가 크고 선동에 능하다. 총서기 천두슈(陳獨秀)는 타협할 줄 모른다. 정치가에겐 치명적인 약점이다. 다루기 쉽다."

차가 부두에 닿았다. 장제스는 차에서 내리지 않았다. 천리푸는 50여 년이 지난 후에도 그날을 잊지 못했다.

"음산한 날씨였다. 창밖에 보슬비가 내렸다. 교장은 무슨 생각을 하는지 미동도 안 했다. 교장은 크게 헛기침을 하더니 공관으로 돌아가자며 기지개를 폈다. 침묵을 깬 시원한 몸놀림이 혁명의 분수령이 될 줄은 상상도 못 했다."

돌아오는 차 안에서 장제스가 천리푸에게 한마디 했다. "네 스물일곱 번째 생일은 내가 차려주마."
교장 공관으로 돌아온 장제스는 2층으로 직행했다. 밑에서 기다리던 천리푸는 식은땀이 났다.

"새 군복에 권총을 찬 교장이 계단을 내려왔다. 눈에 살기가 있었다. 숨통이 트이는 것 같았다. 교장이 광저우를 떠나거나 남을 가능성은 반반이었다. 그날 상하이로 갔다면, 눈에 살기가 번득거리지 않았다면, 1926년 이후의 중국 역사책은 다시 써야 한다."

천씨 형제는 군사정변을 준비했다. 우선 공산당에 불리한 소문을 퍼뜨렸다. "공산당이 폭동을 준비 중이다. 국민정부를 무너뜨리고 농민과 노동자 정부를 세우려 한다." 국민정부 주석 왕징웨이도 모함했다. "공산당에 입당했다. 군권을 쥐고 있는 장제스 제거 공작에 착수했다. 황푸군관학교 교비를 횡령한 부패분자로 몰 계획

1928년 2월 2일, 중앙군사위원 위유런(앞줄 왼쪽 여섯째) 등
국민당 원로들의 추대로 중앙군사위원회 주석에 취임한
장제스(앞줄 왼쪽 여덟째)와 천궈푸(둘째 줄 왼쪽 셋째).

이다." 천리푸의 이름도 빠지지 않았다. "장제스와 천리푸가 잠적했다. 목적지는 소련이다." "천궈푸와 천리푸는 공산당 비밀당원이다. 국민정부의 공산주의 선포가 멀지 않았다." 사유재산을 몰수한다는 소식도 순식간에 퍼졌다. 광저우 시민들은 뭐가 맞는지 판단이 불가능했다. 눈치 보느라 정신이 없었다.

1927년 4월 2일, 천궈푸는 국민당 원로들을 내세워 공산당 탄핵안을 제출했다. 일주일 후에는 원로 우즈후이(吳稚暉) 등과 연명으로 공산당을 공격하는 성명서를 발표했다.

4월 12일, 장제스가 공산당 숙청(淸黨)을 이유로 군사정변을 일으켰다. 우한은 왕징웨이와 공산당세력이 강했다. 표어가 난무했다. "장제스 타도." "구렁이 장징장을 몰아내자." "천궈푸와 천리푸를 내쫓아라."

정변에 성공한 장제스는 일보 후퇴했다. 하야 성명을 내고 상하이로 떠났다. 천씨 형제는 장제스의 화려한 복귀를 준비했다. 상하이에 중앙구락부(中央俱樂部)를 발족시킨 후 장제스 옹립세력을 규합했다. 1927년 12월, 국민정부는 장제스를 국민혁명군 총사령관에 임명했다. 장제스는 일단 거절했다. 새해가 되자 원로들이 상하이까지 와서 장제스를 독촉했다.

국민당 군정대권을 장악한 장제스는 조직부장을 겸했다. 부부장에 천궈푸를 임명했다. 천씨 형제는 국민당 개조에 나섰다. 공산당원과 국민당 좌파들을 내쫓고 당의 면모를 완전히 바꿔버렸다. 중앙선전부장 대리 마오쩌둥도 장제스의 측근으로 교체했다.

1928년 5월, 국민당 제1군이 베이징 인근
바오딩(保定)을 점령하자 북양정부는 경악했다.
천리푸(왼쪽 둘째)도 북벌군 총사령부 특별당부
상무위원 자격으로 참전했다.
1928년 5월 28일, 바오딩.

장제스 천하 천씨의 정당

1924년, 국·공합작이 성사되면서 국민당은 공산당의 놀이터로 변했다. 천궈푸의 회고를 소개한다.

"공산당원을 받아들이면서 국민당은 분열되기 시작했다. 내 의견을 궁금해하는 사람들이 간혹 있었다. 나는 중성(中性)이 되기로 작정했다. 당 안에 또 다른 당은 있을 수 없다는 주장만 되풀이했다. 국민당 집회에도 참석하지 않았고, 공산당 모임에도 모습을 드러내지 않았다. 반공조직에도 등을 돌렸다. 초연한 입장을 견지하다 보니 이간질당할 일은 없었지만 밤마다 머리가 쑤셨다. 피를 바꾸지 않으면 국민당의 앞날은 기약하기 힘들었다. 칼을 이용한 아름다운 살인 외에는 방법이 없었다."

1927년 4월, 장제스가 상하이에서 정변을 일으키자 우한의 국민정부와 공산당원들의 항의는 상상 이상이었다. 장제스를 도살자(屠殺者)로 규정하고 반혁명분자로 몰아붙였다. 국민당 중앙집행위원회와 국민정부도 성명을 발표했다. "장제스는 민중을 도살하고 당 업무를 마비시켰다. 당원 명부에서 이름을 삭제하고 총사령관직을 박탈한다." 후임 사령관에 임명된 펑위샹은 장제스 직계인 제1군을 중앙군사위원회 직할로 편입시켰다. 천궈푸의 제명도 당 중앙집행위원회에 요청했다. 거절당할 리가 없었다.

군을 장악하지 못한 당이나 정부의 성명서는 휴지조각과 다를 게 없었다. 장제스에 대한 제1군의 충성은 변함이 없었다. 민심도 난징에 딴살림을 차린 장제스의 국민정부 쪽으로 기울기 시작했다.

장제스는 기회를 놓치지 않았다. 직접 성명서를 발표했다. "중국 국민당 중앙집행위원회는 공산당이 국민당에 입당한 공산당원들과 연합해 모반을 획책한 증거를 포착했다. 본 사령관은 이들을 토벌하고 질서를 바로잡고자 한다. 이 시간 이후 소동을 부리거나 치안을 저해하는 행위는 엄히 다스리겠다."

살기등등한 선언을 마친 장제스가 천궈푸를 불렀다. 만면에 수심이 가득했다. "너와 나는 우한정부에서 제명당했다. 하다 보니 한 새끼줄에 묶인 개미 신세가 됐다." 천궈푸는 대담했다. "삼촌은 방향만 제시해라. 나는 장애물을 제거하고 길을 뚫겠다."

국민당 제2차 전국대표대회 네 번째 회의는 국민혁명군 총사령관에 복직한 장제스의 독무대였다. 천궈푸와 다이지타오 등이 머리를 맞대고 작성한 국민정부 조직조례(組織條例)와 중앙군사위원회 조직대강(組織大綱), 총사령부 조직대강을 통과시켰다. 핵심만 소개한다.

"국민정부는 중국 국민당 중앙집행위원회의 지도와 감독을 받으며 전국의 정부기구를 관장한다. 국민당 중앙군사위원회는 국민정부의 최고 군정기관이다. 육해공군의 정치 교육과 인사·경리·위생을 전담하며 국방의 책임을 다한다. 각 성의 행정기관과 군사기관은 중앙군사위원회의 지휘와 감독을 받는다. 국민정부는 군령의 통일을 위해 국민혁명군 총사령관을 임명할 수 있다. 국민혁명군 총사령관은 전군을 통솔하고 국민당 중앙집행위

천궈푸(가운데)와 천리푸(오른쪽) 형제.
흔히들 왼쪽 인물을 쉬언쩡(徐恩曾)이라
말하지만 확실치 않다.

천리푸(왼쪽 셋째)는 산에 오르기를 좋아했다.
1930년 12월 9일, 루산.

원회와 정부의 군사 문제를 책임진다. 중앙군사위원회 주석도 국민혁명군 총사령관이 겸한다."

이 정도면 대권을 한 사람에게 안겨줄 길을 합법적으로 터놓은 거나 마찬가지였다.

회의는 정리당무안(整理黨務案)도 순조롭게 통과시켰다. "전국의 국민당 지부는 중앙집행위원회에서 파견한 사람이 올 때까지 활동을 중지한다. 전 당원은 등기를 새로 하기 바란다. 등기가 진행되는 동안 당원들은 의견을 제시할 수 없다." 천궈푸는 당원 정리기간을 이용해 반대세력들을 당에서 축출했다.

1929년 3월에 열린 국민당 제3차 전국대표대회는 당 정리를 주도했던 천궈푸와 천리푸 형제의 뜻대로 진행됐다. 조직부장 연임에 성공한 장제스는 2년간 당원 정리를 도맡아했던 형제의 공로를 저버리지 않았다. 천궈푸와 천리푸에게 당 운영을 일임했다. 당의 인사와 조직을 장악한 형제는 중앙조직부 내에 당무조사과(黨務調查科)를 신설했다. 당의 각종 자료를 수집하고 정리하는 기구였다. 천궈푸는 이 평범한 기관을 특무조직으로 탈바꿈시키려 했다. 장제스에게 건의했다. "중공 지하조직과 국민당 내 반대 파벌들을 파괴할 기구가 필요하다." 장제스는 동의했다. "조사과를 확대시켜라. 돈이 필요하면 돈을 지원하고, 사람이 필요하면 사람을 지원하마." 장제스와 천궈푸는 책임자를 물색했다. 천리푸 외에는 맡길 사람이 없었다.

조사과 주임에 취임한 28세 천리푸는 국민당 최초의 특무조직

창설에 매진했다. 천귀푸가 주관하던 중앙당무학교 졸업생 10명과 황푸군관학교 출신 20명을 기반으로 '특무공작총부'(이하 특공총부)를 출범시켰다. 외사촌이며 미국 유학 동기인 쉬언쩡을 주임으로 초빙했다.

특공총부는 완전한 비밀조직이었다. 국민당의 어떤 기구에도 예속되지 않았고, 당 조직표에도 이름을 올리지 않았다. 천씨 형제는 요원들에게 생살대권(生殺大權)을 부여할 수 있는 특무 중의 특무로 변신했다.

패한 게 아니라 못나게 굴다 정권 송두리째 헌납

정당연합은 성공 사례를 찾기 힘들다. 천리푸는 중국이 복잡해진 이유를 국·공합작이라고 단정했다. 특무조직 특공총부를 발족시킨 후, 합작 기간에 국민당에 입당한 공산당원들의 종적을 추적했다.

내부 단속도 게을리 하지 않았다. 특공총부 안에 어문조(語文組)를 신설했다. "신문과 잡지에 실린 글들을 정치·경제·군사·교육 네 부분으로 정리해서 분석해라." 장제스의 1인 통치에 불리한 글을 게재한 언론기관은 수시로 날벼락을 맞았다.

중공도 천리푸의 특무조직에 의해 치명타를 입었다. 중앙위원 40명과 일반간부, 당원 2만 4,000여 명이 체포되고 276명이 자수하거나 변절했다. 변절자들도 성치 못했다. 중요 정보를 빼낸 뒤 저세상으로 보내버렸다. 중공 총서기 샹중파(向忠發)는 체포 당일 변절했지만 코와 귀가 잘린 차가운 시신으로 변했고, 상하이의 중공

항일전쟁 시절 쿵샹시(孔祥熙, 왼쪽 셋째)와 함께
주중 외교사절 초청 다과회에 참석한 천리푸(오른쪽 둘째).
1938년 가을, 전시 수도 충칭.

지하조직을 털어놓은 구순장(顧順章)도 온전치 못했다. 제2대 총서기 취추바이(瞿秋白)와 중앙정치국 상무위원 뤄이눙(羅亦農), 농민황제 펑파이(澎湃) 등은 재판정에 서보지도 못하고 형장으로 끌려갔다. 저우언라이가 이끌던 상하이의 중공 중앙 조직도 14차례 파괴됐다. 중앙 소비에트 지역인 징강산(井岡山)으로 도망치는 것 외에는 뾰족한 방법이 없었다.

천리푸가 특무의 총본산인 조사과를 주재하던 기간은 길지 않았다. 중앙군사위원회로 보직을 옮긴 후에도 특무조직은 천리푸가 직접 관장했다. 화가 쉬베이훙(徐悲鴻)의 부인과 염문을 뿌린 장다오판(張道藩)과 건축가 쉬언정 등이 조사과장을 역임했지만 천리푸의 영향력은 여전했다.

국민당 조직부와 특무조직까지 장악한 천씨 형제의 위세는 아무도 넘보지 못했다. 공개된 장소에 나타나는 법이 드물고, 돈도 밝히지 않다 보니 무서워하는 사람이 많았다. 중공 이론가 천보다(陳伯達)가 천씨 형제를 장제스 일가, 장제스의 동서 쿵샹시, 쑹메이링의 친정 형제와 묶어 '중국의 4대 가족'이라 부를 만도 했다.

천리푸는 나머지 세 가족과 원만했다. 쿵샹시와도 처음에는 그랬다. 예나 지금이나 모든 모순은 돈과 남녀문제에서 비롯된다. 천리푸는 군의 기반이 약했다. 쑹메이링의 부탁도 있었지만, 장제스의 애장(愛將)인 황푸군관학교 1기생 후쭝난(胡宗南)과 쿵샹시의 딸을 결혼시키려고 애썼다. 쿵샹시의 딸은 정상이 아니었다. 심할 때는 정신병원에 보내도 될 정도였다. 행실도 형편없었다.

후쭝난은 좋아하는 여자가 있었다. 천리푸가 하도 권하자 면박

쿵샹시는 중국 IOC(국제올림픽위원회) 위원이었다.
1936년 여름, 베를린 올림픽에 참석해
히틀러(Adolf Hitler)와 환담하는 쿵샹시.

을 쳤다. "나도 귀가 있다. 그 여자는 걸레 중에 상걸레다. 내게 권하지 말고 너나 데리고 살아라." 이 일을 계기로 천리푸와 쿵샹시는 서먹서먹한 사이가 됐다.

천리푸는 돈과 여자에 담백했다. 평소 자금을 호소하는 당원들에게 단호하게 말했다. "돈이 필요하면 쿵샹시에게 달라고 해라." 퍼스트레이디 쑹메이링의 큰 형부이며 행정원 부원장과 재정부장을 겸했던 쿵샹시는 소문으로는 공자(孔子)의 후손이었지만 돈 많은 전당포집 아들일 뿐이었다. 재신(財神) 소리 들을 정도로 돈을 밝혔다. 무조건 챙기는 습관이다 보니 국고도 많이 축냈다. 천리푸는 뻔히 알면서도 모르는 체했다.

당과 특무기관을 장악한 천씨 형제는 금융기관까지 영역을 확대했다. 정부의 재정 대권은 재정부장 쿵샹시가 쥐고 있었다. 충돌은 시간문제였다. 쿵샹시가 미국원조기금을 슬쩍했다는 소문이 나돌았다. 쿵샹시는 "지금 우리는 전쟁 중이다. 온 국민이 단결해야 할 때다. 증거 없는 허무맹랑한 소문에 현혹되지 마라"며 딱 잡아뗐다.

천리푸는 폭로를 작정했다. 평소 좌지우지하던 일간지『신보』(晨報)에 연일 관련 기사를 게재했다. "구린 곳을 숨기려는 사람들은 궁지에 처할 때마다 단결을 요구하는 공통점이 있다. 그런 사람은 지도자 대열에 낄 자격이 없다." 쿵샹시 부인이 동생 쑹메이링을 찾아가 하소연했다. 그날 밤, 장제스의 침실에서 베갯머리 송사가 벌어졌다. 장제스는 현명했다.『신보』를 폐간시키고 쿵샹시도 날려버렸다. 훗날 장제스는 이 일을 두고두고 후회했다. "내가 한 발 늦었다. 민심이 저만큼 가버린 것을 그때는 깨닫지 못했다."

천리푸도 말년에 속내를 털어놓았다. "그때 우리는 너무 유치했다. 위기만 강조하면 국민이 따라올 줄 알았다. 국민당은 공산당과의 싸움에서 패한 게 아니다. 못나게 굴다 보니 정권을 송두리째 헌납했다."

장제스의 천리푸에 대한 신임은 끝이 없었다. 항일전쟁 초기, 전국의 전시 교육을 천리푸에게 맡기자 미국 시사주간지 『타임』의 표지를 천리푸가 장식했다. CIA(미국 중앙정보국) 요원으로 중국에 오래 체류했던 하버드대학 교수 페어뱅크(John King Fairbank)의 평이 눈길을 끌었다. "천리푸에게 교육부장을 맡긴 것은 루스벨트가 FBI(미국 연방수사국)의 후버(Edgar Hoover) 국장을 교육부장관에 임명한 것과 같다."

내전에서 패배한 장제스, 천씨 형제를 속죄양 삼다

1945년 8월 29일 전시 수도 충칭, 일본과의 전쟁에서 승리한 국·공 양당이 대좌했다. 국민당 특무조직을 이끌던 천리푸는 이를 반대했다. "공산당 문제는 평화적 해결이 불가능하다. 대수술 외에는 방법이 없다."

43일간 계속된 담판 기간 중 마오쩌둥은 여러 사람을 방문했다. 반공의 상징인 천리푸도 직접 찾아갔다. 두 번 다 빈손으로 돌아왔다. 세 번째는 천리푸가 문전에서 기다리고 있었다.

마오쩌둥이 먼저 입을 열었다. "20년 전, 우리는 북방군벌을 타도하기 위해 합작했다. 평생 잊지 못할 황홀한 순간이었다." 천리푸도 주저하지 않았다. "전부터 만나면 하고 싶은 말이 있었다. 마르크스주의는 수입품이다. 중국 실정에 적합하지 않다. 쑨원의 삼민주의만이 중국을 구할 수 있다." 마오쩌둥은 쑨원이 제창한 연아(聯俄, 소련과의 연합), 연공(聯共, 공산당과의 연합), 부조공농(扶助工農, 노동자·농민과 서로 돕고 의지하자)을 거론했다. "우리는 쑨원의 의지대로 국·공합작에 동의했다. 국민당은 딴 길로 갔다. 반공을 주장하고, 공산당 소탕에 집착하며, 노동자와 농민을 압박했다." 온갖 수단을 동원해 공산당을 사지(死地)로 몰았다는 말도 했다. "10년간 너희는 다섯 차례 대규모 공세를 퍼부어 홍군을 장정(長征) 길로 내몰았다. 공산당이 더 성장한 이유를 생각해봤는지 궁금하다."

천리푸가 말을 막았다. "항일전쟁을 위해 우리는 다시 합작했다. 공산당은 그 틈을 타 세력을 확장했다." 마오쩌둥은 일어날 채비를 했다. 선 채로 한마디 하고 자리를 떴다. "국민당이 공산당 소탕에 머리를 싸매지 않았다면, 일본 제국주의는 중국을 침략할 엄두를 낼 수 없었다." 천리푸는 대꾸하지 않았다.

저우언라이도 천리푸를 예방했다. 시종일관 웃었지만 분위기는 살얼음판 같았다. 저우언라이가 상하이에서 지하조직을 이끌던 시절을 회상했다. "선생이 공산당원을 도살할 때 나는 지하 생활을 했다. 한번은 선생의 부하들이 들이닥치기 5분 전에 몸을 피했다. 본업에 충실한 선생께 진심으로 경의를 표한다." 천리푸도 웃었다. "나는 광산일이 소원이었다. 땅속에 매장된 석탄을 원 없이 파내고 싶었다. 어쩌다 보니 지하에 숨어 있는 공산당원만 파냈다. 파내도 파내도 끝이 보이지 않았다. 선생도 본업에 충실한 사람이다. 도망

실력을 존경한다."

내전에서 패한 국민당은 대륙에서 철수했다. 타이완에 정착한 장제스는 책임을 회피했다. "실패를 교훈으로 삼자"며 국민당 개조를 서둘렀다. 속죄양을 찾았다. 천궈푸와 천리푸 형제 외에는 대안이 없었다. 1950년 7월 26일 발표한 국민당 '중앙개조위원' 명단에 형제의 이름이 보이지 않았다.

장제스가 천리푸를 불렀다. "가족과 함께 타이완을 떠나라. 부르기 전에는 돌아오지 마라." 천궈푸는 동생을 위로했다. "아주 먼 곳으로 가라. 생업에 힘쓰면 밥은 굶지 않는다."

동생이 떠나자 천궈푸는 폐병이 악화됐다. 돈이 없다 보니 치료도 제대로 하지 못했다. 보고를 받은 장제스는 한숨을 내쉬었다. "전국의 금융기관까지 장악했던 사람이 치료비조차 없다니! 천치메이의 조카로 손색이 없다"며 아들 장징궈와 함께 타이중에서 투병 중인 천궈푸를 찾아갔다. "돈 걱정 말고 치료에만 전념해라. 어려운 일이 있으면 내게 직접 연락해라."

천리푸에게 무릎 꿇고 통곡한 장징궈

국민당 부총재 천청(陳誠)과 장징궈가 치른 천궈푸의 장례식은 타이완을 들었다 놓을 정도였다. 장제스도 두 차례 빈소를 찾았다. 황제들이 황태자를 잃었을 때 쓰던 '통실원량'(痛失元良) 네 글자로 애통함을 드러냈다. 미국에 있던 천리푸에게도 직접 편지를 보내 형의 죽음을 알렸다. 귀국하라는 말은 하지 않았다.

천리푸는 빌린 돈으로 작은 양계장을 운영했다. 프린스턴대학의 요청으로 중국 문화를 강의하고, 틈만 나면 중국 고전에 매달렸다. 1961년 2월, 장제스의 전보를 받았다. "부친이 위독하다. 귀국해라."

10여 년 만에 타이완에 온 천리푸는 장제스에게 귀국인사를 갔다. 장제스는 냉담했다. 부친의 장례를 마치자 미국으로 돌아갔다.

4년 후, 미국에 머무르던 전 부총통 리쭝런(李宗仁)이 대륙으로 돌아가자 장제스는 천리푸에게 편지를 보냈다. "귀국해라." 천리푸는 총통이 또 무슨 변덕을 부릴지 몰랐다. 장제스의 생일이 오기까지 기다렸다.

천리푸는 장제스의 80회 생일이 임박하자 귀국했다. 장제스는 천리푸를 자신의 옆방에 묵게 했다. 날이 밝을 때까지 얘기를 나눴다. "40년 전, 황푸군관학교에서 너를 처음 만났다. 궈푸도 세상을 떠났다. 너는 내가 책임져야 한다. 그렇지 않으면 죽어서 무슨 얼굴로 네 삼촌을 대하겠느냐. 이제는 타이완에 정착해라."

1969년 말, 천리푸는 19년에 걸친 유랑 생활을 청산했다. 장제스가 유엔 대사와 일본 대사 등을 권했다. 천리푸는 "중국은 지금 문화통일이 시급하다. 총통부 자정(資政) 자격으로 문화부흥운동을 하겠다"며 거절했다.

1975년 장제스가 세상을 떠났다. 영전을 지키던 장징궈는 천리푸에게 무릎 꿇고 통곡했다. "이제 남은 사람은 형님과 저 둘뿐입니다. 모든 지도 바랍니다." 빈말이 아니었다. 장징궈는 죽는 날까지 천리푸에게 온갖 예의를 다했다.

2001년 2월 8일, 천리푸가 세상을 뒤로했다. 대륙도 가만있지 않았다. 신화사가 전국의 언론기관에 통보했다. "중국의 문화통일에

영구 귀국한 천리푸(왼쪽 둘째) 일가를
장징궈(왼쪽 넷째)가 직접 맞이했다.
맨 왼쪽은 장제스 사후 총통을 역임한 옌자간.
1969년 가을, 타이베이.

헌신하던 천리푸 선생이 타이중에서 향년 101세로 서거했다."

남자건 여자건 말년이 좋아야 한다. 천리푸는 말년이 좋았다. 대륙의 언론들도 천리푸에게 적의를 드러내는 표현은 삼갔다.

선생과 왕

"형님은 나쁜 사람이 아니었다. 훌륭한 교육자였다."

극한 치닫는 계급투쟁, 무덤에서 끌려나온 류원차이

대약진운동 시절인 1958년 겨울, 쓰촨 성 다이(大邑) 현 안런(安仁) 진(鎭)에서 괴상한 일이 벌어졌다. 엄동설한에 삽과 곡괭이를 든 청년들이 거대한 호화 분묘를 파헤쳤다. 시신을 강가에 패대기치고 불살랐다. 폭죽 소리와 환호성이 요란했다.

사망 9년 후, 무덤에서 끌려 나온 류원차이(劉文彩)는 일세를 풍미했던 대지주이자 거상이었다. 현지 정부는 류원차이의 옛집을 '지주장원진열관'(地主莊園陳列館)으로 탈바꿈시켰다. 계급투쟁의 열기가 극에 달했던 시절, 반면교사감으로는 딱이었다. 교육 선전 효과도 노렸다. 지역 선전부에 지시했다. "류원차이의 진면목이 어땠는지는 알 필요도 없다. 악덕 지주의 표본으로 만들어라."

선전의 귀재들이 창의력을 발휘했다. 거꾸로 매달린 채 두들겨 맞는 농민, 부녀자 강간, 산 사람 매장, 유아 살해 등 잔혹한 광경을 밀랍으로 만들어 진열관에 전시했다. 솜씨가 어찌나 뛰어났던지 관람객들은 벌린 입을 다물지 못했다. 악질 지주 류원차이의 잔혹함에 치를 떨었다. 지하실에는 붉은 물을 채운 감옥도 만들었다. 인형이긴 했지만 핏물 가득한 창살 안에서 절규하는 농민과 살벌한 고문 도구를 본 관람객들은 흐느꼈다. 곡소리가 그치지 않았다.

진열관은 상급기관의 주목을 받았다. 하루아침에 전국에서 가장 모범적인 '계급투쟁 교육기지'로 둔갑했다. 머리가 묘하게 돌아가는 사람들이 속출했다. "밀랍인형은 생동감이 떨어진다. 우리 중국인은 진흙을 잘 다룬다. 악덕 지주의 조세(租稅)에 시달리던 농민의 참상을 니소(泥塑, 흙인형)로 만들자"는 건의가 줄을 이었다. 성 정부는 탁견이라며 쾌재를 불렀다. 1965년 6월, 쓰촨미술학원 조소과 교수를 중심으로 '수조원'(收租院) 창작조를 구성했다.

쓰촨 성 선전부와 문화국은 현장으로 떠나는 창작조에게 단단히 일렀다. "지주계급의 죄악을 폭로하는 것이 창작의 최종 목표임을 명심해라. 수조원을 모든 착취계급은 물론 구 사회와 연결시켜라. 수조원의 주인공 류원차이를 수천 년간 내려오는 지주계급의 대표로 만들어라. 너무 터무니없어도 안 된다. 류원차이는 독실한 불교 신자였다. 집 안에 불당을 차려놓고 잠도 부처님 앞에서만 잤다. 한 손에는 염주를 든 채 장부를 뒤적거리는 모습을 연출해야 한다. 농민들이 반항하면 움찔하는 모습도 빼놓지 마라. 겉은 이리와 호랑이 같지만, 내심은 얼마나 허약한지를 잘 표현해야 한다."

쓰촨미술학원은 베이징에서 거행된 조소전람회에서 주목받은 적이 있는 명문이었다. 정치적 임무였지만, 교수와 학생들의 출발점은 예술 창작이었다. 조소계에 혁명을 기대했다. 농민들 중에서 모델을 찾고 참여를 독려했다. 물 감옥을 경험했다는 노파의 경험담을 한마디도 놓치지 않았다. 예술가들은 순진했다. 세상물정 모

20여 년 가까이 '수조원'은 중공의 교육기지였다.
문혁 시절인 1974년, 수조원을 참관하는 상하이 민병들.

류원차이와 류원후이(劉文輝)는
쌍둥이로 착각하는 사람이 많았다.
그 때문인지 류원차이(그림)는
제대로 된 사진을 남기지 않았다.

르는 노파가 선전부원이 일러준 대로 주절댔으리라고는 상상도 못했다. 창작조는 방문과 관찰을 거쳐 100여 명에 이르는 피착취자의 형상 재현에 성공했다. 작품 완성까지 4개월이 걸렸다.

같은 해 10월 1일 국경절, 류원차이의 옛집에서 수조원이 모습을 드러냈다. 3일간 2만여 명이 참관했다. 한결같이 '니소 예술의 극치'라며 찬사를 보냈다. 둘쨋날, 새 옷으로 깔끔하게 단장한 할머니 6명이 나타났다. 그중 한 할머니가 들고 있던 대나무 지팡이를 치켜들고 류원차이의 머슴으로 보이는 흙인형 앞으로 달려갔다. 당장 내려칠 기세였다. 창작에 참여했던 학생이 황급히 제지했다. "사람이 아닙니다. 흙인형입니다." 아무리 말려도 할머니는 듣지 않았다. "3일간 걸어왔다. 흙인형이건 뭐건 때려 죽여야 직성이 풀리겠다." 뭔가 수상했지만 당시에는 아무도 눈치채지 못했다.

베이징과 톈진의 조각가들도 팔짱만 끼고 있지 않았다. 수조원 제작자들과 합세해 복제품을 만들었다. 마오쩌둥 생일 이틀 전인 12월 24일, 베이징미술관에 수조원이 등장했다. 3일 만에 2개월치 입장권이 동나버렸다. 25일은 영하 18도였다. 눈까지 내렸지만 표를 구하려는 행렬은 끝이 보이지 않았다. 하루는 미술관 주변에 계엄을 선포하고 국민당 전범들을 참관시켰다. 참관을 마친 전범들은 좌담회를 열었다. 힐끔힐끔 눈치 보며 지난날 자신들의 죄과를 반성했다. 개중에는 눈물 흘리는 사람도 있었다.

찬양이 쏟아져 나왔다. 문혁 전야였다. 몇 개월 후, 문혁의 도화선이 될 중공 중앙서기처 서기 캉성(康生)의 평이 압권이었다. "보면 볼수록 뛰어난 예술품이다. 파리 루브르박물관에도 이보다 뛰

류원차이의 권력은 동생 류원후이에게서 나왔다.
1939년, 시캉(西康) 성 주석 시절의 류원후이 부부.

어난 작품은 없다."

후에 쓰촨 성에 편입된 시캉 성 전 주석 류원후이는 류원차이의 친동생이었다. 정부 고위직에 있었지만 상황이 상황이다 보니 입도 벙긋 못 했다. 가까운 친구들에게만 불평을 늘어놓았다. "형님은 나쁜 사람이 아니었다. 훌륭한 교육자였다."

사람은 말년이 중요하다. 류원차이의 말년을 아는 사람들은 아무도 이의를 제기하지 않았다.

조각품 '수조원'은 신중국 문화폭력의 결정판

중국 홍색예술의 경전인 '수조원'은 신중국 문화폭력의 결정판이었다. 1950년대 말, 정치폭력이 난무했다. 예술계는 한술 더 떴다. 창작을 중요시하던 사람들이다 보니 뭐가 달라도 달랐다. 사실을 부풀리고 없던 일 만들어내는 솜씨가 정치가들 뺨칠 정도였다. 수사기관 못지않게 증언과 증거도 중요시했다. 없어도 개의치 않았다. "없는 건 만들면 된다."

공포를 동반한 문화폭력이라는 괴상한 유령이 중국 하늘을 휘감았다. 수조원이 공개되자 류원차이의 자손들은 뿔뿔이 흩어졌다. 둘째 손자 류스웨이(劉世偉)는 4,000리 떨어진 신장으로 이주했다. 현지 농민들은 악덕 지주의 후예들을 내버려두지 않았다. 밧줄을 들고 몰려와 목을 매달았다. 부인과 두 아들에게는 도끼 세례를 퍼부었다. 큰아들은 두 살, 작은아들은 젖먹이였다.

최근 중앙미술대학 교수 한 사람이 당시를 회상하면서 가슴을 쳤다.

"수조원의 성공은 대중의 우매함을 만천하에 드러낸 사건이었다. 류원차이가 예술을 통해 가공되자 박해가 합법화됐다. 혁명의 이름으로 지주와 반혁명분자들을 학대하고 도살했다. 인신모욕은 기본이었다. 혁명은 광견병과 흡사했다. 자신이 반혁명으로 몰릴까 두려워 미친 듯이 위대한 수령에게 충성을 다짐하고, 남 깎아내리는 일이라면 수단 방법을 가리지 않았다. 심지어 부자·형제·부부·사제 간에도 밀고했다. 공개적으로 관계를 청산하는 경우도 허다했다."

진상은 밝혀지게 마련, 문혁이 끝나자 수조원 창작 과정이 드러났다. 상부의 지시를 받은 쓰촨미술학원 예술가들은 자료 수집에 나섰다. "민간인들에게 뛰어들어라. 빈곤층과 동거동락하며 류원차이의 악랄했던 행동을 청취해라."

예술가들은 류원차이의 머슴이었던 사람을 방문했다. 계급투쟁이 얼마나 중요한지를 장황히 설명하며 류원차이의 죄상을 맘 놓고 얘기하라고 부추겼다. 머슴은 사실만 얘기하겠다며 말문을 텄다. 류원차이에 관한 좋은 얘기만 늘어놓았다. 예술가들은 들을 생각을 안 했다. 한바탕 화를 내고 자리를 떴다.

건너편 집에도 머슴 출신이 있었다. 이름은 구넝산(谷能山), 키가 크고 건장했다. 체격에 흥미를 느낀 예술가들은 스케치북부터 펴들었다. 류원차이의 학대에 반항하는 영웅의 형상으로 제격이었다. 온갖 혁명이론을 동원해 구넝산을 구슬렸다. 구넝산은 예술가들을 실망시켰다. 들고 있던 망치로 땅을 내려치며 화를 냈다. "내

'수조원' 국부(局部).
구녕산은 자신도 모르는 사이에
노인을 후려치는 마름의 모델이 됐다.

일 나를 끌어다 총살시킨다 해도 내가 할 말은 하나밖에 없다. 류원차이는 좋은 사람이었다." 다음 날, 구넝산은 낯선 사람들에게 끌려갔다.

아들이 구술을 남겼다.

"아버지는 노동개조 대상으로 몰렸다. 갇혀 있는 동안 매일 밥을 해서 날랐다."

앞집에 살던 머슴의 아들도 기록을 남겼다.

"구넝산이 잡혀갔다는 말을 듣자 아버지는 집을 나갔다. 50리 밖에 있는 산속에서 광부 생활을 했다. 쓰촨미술학원 예술가들은 공포의 대상이었다. 구넝산은 예술가인지 뭔지 하는 것들에게 끝까지 저항했다. 예술가들은 천재였다. 구넝산의 기개 넘치는 모습을 저승사자처럼 탈바꿈시켰다. 수조원을 관람한 사람은 노인에게 몽둥이 휘두르는 악질 마름의 모습에 경악한다. 나는 한눈에 구넝산인 것을 알고 폭소했다."

류원차이는 어릴 때부터 총명했다. "책을 열심히 읽어라. 그 안에 금은보화와 온갖 미인이 있다"는 권독문(勸讀文)을 새빨간 거짓말이라며 믿지 않았다. 도박장에 가면 돈이 굴러다닌다는 말을 들은 다음부터 도박에만 열중했다. 불과 몇 년 만에 쓰촨 성 도박계를 평정해버렸다. 친동생 류원후이는 형과 딴판이었다. 낮에는 말 위에서 활시위를 당기고, 달이 뜨면 경전(經典)과 병서(兵書)를 펴들고 시간 가는 줄 모르며 읽었다. 학교도 육군소학과 육군중학을 거쳐 바오딩군관학교를 괜찮은 성적으로 졸업했다. 난세의 군인은 죽지만 않으면 진급이 빨랐다. 쓰촨 독군(督軍)으로 부임했을 때 형 류원차이는 부자가 되어 있었다.

"형은 홍수전(洪秀全)이 황제를 칭할 때 사용하던 용상에 앉아 나를 맞이했다. 형수 5명이 포드 승용차를 한 대씩 소유하고 있었다. 나는 부하들에게 훈시할 때마다 공자와 쑨원의 초상화를 걸어놓는 습관이 있었다. 소문을 들었던지 내게 핀잔을 줬다. 공자는 뭐고 쑨원은 뭐냐. 모두 실패한 사람들이다. 배우지 마라. 지금 중국은 여자 교육이 중요하다. 내가 멋있는 여학교를 세울 테니 두고 보라며 큰소리쳤다. 형은 농민들에게 관대했다."

형제에게는 류샹이라는 조카가 있었다. 류샹은 군에서 류원후이보다 두각을 나타냈다. 1911년, 청 제국 멸망 이후 10년간 계속된 쓰촨 군벌전쟁의 마지막 승자는 류샹이었다. 류원차이는 동생 류원후이와 우애가 유별났다. 류원후이가 조카 류샹과 쓰촨의 패권을 놓고 다툴 때 중재 요청을 거부했다. 미수에 그쳤지만, 충칭에 있던 류샹을 암살하기 위해 자객을 파견할 정도였다.

'새옹지마' 류원후이, 조카와 전쟁 패배 뒤 승승장구

1931년 여름, 숙질(淑侄) 간인 류원후이와 류샹의 충돌은 극에 달했다. 류원차이는 동생 류원후이를 지원하기 위해 자객을 고용했다. 충칭에 잠입한 자객은 류샹을 찾아가 이실직고했다.

류샹은 보복에 나섰다. 비행기로 류원차이의 근거지 이빈(宜賓)을 폭격했다. 기겁한 류원차이는 그간 모아놓은 은 20만 냥과 금은보화를 큰 나무상자 4,500개에 쓸어 담았다. 고향 안런까지 선박 20척을 동원했다. 안런에 안착한 류원차이는 주변 7개 현의 땅을 닥치는 대로 사들였다. 금융업에도 눈을 돌렸다. 은행 22개와 전당포 5개를 직접 운영했다.

류원후이와 류샹의 전쟁은 2년을 끌었다. 1933년 9월 중순, 패배를 선언한 류원후이는 병력 10만을 이끌고 시캉으로 철수했다. 시캉은 군량미 조달에 어려움이 많았다. 류원후이는 군사력을 유지하기 위해 소수민족의 단결을 주장했다. 한동안 쓰촨 성 주석을 역임했던 탓인지 효과가 있었다. 티베트 지도층의 지지를 등에 업고 '시캉 성 건성(建省)위원회'를 발족시켰다.

난징의 국민정부는 쓰촨에 기반이 약했다. 군을 파견할 명분을 만들었다. 추적 중이던 홍군 주력을 쓰촨 쪽으로 몰아붙이고 류원후이에게 손을 내밀었다. 장제스 명의로 '국민정부 시캉 성 건성위원회 위원장'과 '국민당 시캉 성 지부 주비위원회 주임' 임명장을 류원후이에게 보냈다.

1937년 여름, 항일전쟁이 발발했다. 장제스는 쓰촨 장악에 나섰다. 류원후이를 군단장에 임명했다. 쓰촨의 지배자 류샹이 우한에서 세상을 떠나자 측근을 후임으로 내보냈다. 속셈을 파악한 류원후이는 류샹의 부하들과 연합해 장제스를 압박했다. "신임 주석을

시캉 성 주석 시절, 공자 탄신일을 맞이해
교사들에게 연설하는 류원후이.
1944년 8월, 캉딩(康定, 현 쓰촨 성 장족藏族 자치주 중심도시).

시캉 성 주석 시절, 개간위원회 주임 자격으로 부인과 함께
비행장 활주로 건설 현장을 시찰하는 류원후이(오른쪽 둘째).

거부한다. 장제스가 쓰촨 성 주석을 겸하고 대리를 파견한다면, 그건 받아들이겠다."

당황한 장제스는 류원후이에게 전문을 보냈다. "만나서 얘기하자." 류원후이가 오자 속내를 털어놓았다. "예로부터 쓰촨은 천혜의 요지였다. 일본과 전쟁을 치르기에 난징은 수도로 적합하지 않다. 충칭으로 천도할 생각이다. 쓰촨의 일부를 시캉에 귀속시키겠다. 시캉 성 정부가 수립되면 국민정부와 쓰촨 성 정부가 건설에 필요한 경비를 지원하겠다." 류원후이는 거절할 이유가 없었다.

1938년 11월 20일, 우한에서 열린 국민정부 행정원 국무회의는 '시캉 성 건성안'을 통과시켰다. 초대 주석에 류원후이를 임명했다. 지금의 쓰촨 성 동부와 장족 자치주 동부를 장악한 류원후이를 사람들은 '시난왕'(西南王)이라고 불렀다.

장제스는 류원후이를 내버려두지 않았다. 성 중심도시 시창(西昌)에 중앙군사위원회 위원장 연락사무소를 설치해놓고 류원후이를 감시했다. 류원후이는 시캉 성 개간위원회를 설립해 장제스에게 맞섰다.

중공도 류원후이에게 게을리 하지 않았다. 지식인들로 구성된 밀사를 꾸준히 파견했다. 류원후이는 이들에게 호감이 갔다. 중공 근거지 옌안과 연락을 주고받으려며 무전시설까지 갖춰줬다. 저우언라이와도 여러 차례 통화하며 가까워졌다.

류원후이가 시캉에 군림하는 동안, 류원차이의 사업은 번성 정도가 아니었다. 소금·약재·면직물의 가격을 농단하고 아편을 독점했다. 재물이 산처럼 쌓이자 공익사업에 관심을 갖기 시작했다.

쓰촨에 진입한 국민당 중앙군.
1938년 8월.

시캉에 설치한 무전송신소.
1939년 11월, 야안(雅安).

류원차이는 일반 악덕 지주나 아편 상인과 달랐다. 어릴 때부터 독서를 즐기고 지식을 존중하던 습관이 평생 변하지 않았다. 나이가 들자 청소년 교육에 흥미를 느꼈다.

중학교 설립을 결심한 류원차이는 현재의 베이징대학 반을 능가하는 부지에 당시 돈 미화 200만 달러를 쏟아부었다. 4년간 비가 오나 바람이 부나 하루도 쉬지 않고 건설 현장을 살폈다. 벽돌 한 장도 최일류가 아니면 들여놓지 못하게 했다.

교사도 우수한 사람만 채용했다. 봉급은 일반 학교의 두 배를 줬다. 첫 번째 입학생들에게는 학비를 받지 않았다. 2회 입학생부터는 쌀 여섯 되를 받았지만, 못 내도 그만이었다. 교명은 자신의 이름을 땄다.

개교 첫날, 류원차이는 성명을 냈다. "오늘부터 원차이중학(文彩中學)의 모든 재산은 설립자와 아무 상관이 없다. 내 자손들은 학교에 어떤 권리도 주장할 자격이 없다." 류원차이는 빈말을 하지 않았다. 개교 이후 재정 지원을 아끼지 않았지만, 학교 운영에는 간섭을 안 했다.

류원차이의 비호를 받는 원차이중학은 난세의 도원경이었다. 한 여학생이 지방 관리의 마름에게 조롱당한 적이 있었다. 보고를 받은 류원차이는 분노했다. 마름을 잡아다가 반죽음이 되도록 두들겨 패서 거리에 내던졌다. 이튿날, 전교생에게 지시했다. "교복이 너희들의 호신부다. 밖에 나갈 때 꼭 착용해라. 집에도 우리 학교 학생이 산다고 써 붙여라."

류원차이는 중공정권 수립 직후 폐병으로 사망했다. 전교생이

유해 앞에 무릎 꿇고 통곡했다. 장제스와 불화가 심했던 류원후이는 중공에 투항했다. 수천만 명이 붐볐던 수조원을 저우언라이는 관람하지 않았다. 시캉 성은 1957년까지 존속했다.

윗사람의 몸가짐 4

"새로운 역사는
성실과 교양을 겸비한
황당한 사람들의
열정에 의해
탄생한다."

중국인의 낙타

"진리는 별게 아닙니다.
현실을 직시하는 것이 진리입니다."

중공의 5대 영수 '런비스' 숨지다

런비스(任弼時)는 일찍부터 마오쩌둥·류사오치(劉少奇)·저우언라이·주더와 이름을 나란히 했다. 중공 5대 영수 중 나이는 가장 어렸지만, 제일 먼저 46세로 세상을 떠났다.

1950년 10월 22일, 중공 최고 지도부가 한자리에 모였다. 6·25전쟁 출병 여부를 놓고 토론을 벌였다. 24일 밤, 3일 만에 집으로 돌아온 런비스는 한반도 지도를 펼쳤다. 동틀 무렵 현기증을 느꼈다. 억지로 침상에 올랐다가 굴러떨어졌다. 다시는 일어나지 못했다.

마오쩌둥·류사오치·저우언라이가 달려왔다. 출병 문제로 정신없던 주더는 한발 늦게 도착했다. 51년 후, 맏딸이 당시를 회고했다.

"아버지의 비서가 나를 데리러 학교에 왔다. 도중에 '아빠를 만나도 울지 마라'며 내 등을 토닥거렸다. 아버지는 혼수상태였다. 나를 보더니 손을 조금 움직였다. 마오 주석은 말이 없었다. 눈을 감고 미동도 안 했다. 화장실에 들어가더니 충혈된 모습으로 나타났다. 저우 총리는 벽을 치며 통곡만 했다. 주더는 연신 아버지 이름만 불러댔다. 류사오치는 코를 풀어대며 훌쩍거렸다. 남자들이 우는 모습을 그날 처음 봤다. 영결식 날, 마오 주석은 아버지 관만 어루만졌다. 나머지 세 사람이 아버지 영구(靈柩)를 인민문화궁까지 인도했다."

예젠잉이 울면서 추도사를 읽었다. "런비스 동지는 우리 당의 낙타였다. 동시에 전 중국인의 낙타였다. 평생 무거운 짐을 진 채 어려운 길만 걸었다. 하루도 편하게 쉰 날이 없었고, 누리지도 못했다. 그저 애통할 뿐이다."

세월이 흘러도 런비스에 대한 평가는 변하지 않았다. 생김새가 흉하고 사나워 보이다 보니 다들 무서워했다. 만나보면 딴판이었다. 부드럽고 세심하기가 봄바람 같았다. 공금 낭비하고, 패거리 짓는 사람에게는 엄격했다. 나라 망칠 놈들이라며 국물도 없었다.

중공 창당 몇 개월 후인 1922년 1월 모스크바, 앳된 청년이 입당을 희망했다. 이름은 런비스, 18세가 채 안 됐지만 자격은 이미 충분했다.

런비스는 후난 성에서 가난한 교사의 아들로 태어났다. 어릴 때부터 아버지를 따라다니며 글을 익혔다. 중학교 시절 신문화운동의 영향을 받았다. 시위란 시위는 거의 빠지지 않았다. 가정 형편상 학업을 계속할 수 없었다. 프랑스 유학을 꿈꿨지만 실패했다. 고향 선배 마오쩌둥이 조직한 러시아 연구회에 가입했다. 마오쩌둥은 런비스가 맘에 들었다. "소개장을 써줄 테니 상하이로 가라. 그곳에 가면 러시아어 학습반이 있다"며 차비까지 챙겨줬다.

상하이에 온 런비스는 러시아어를 익히며 사회주의청년단에 입단했다. 여섯 살 연상인 류사오치와 함께 소련 유학을 준비했다. 후난 제1사범학교 부속 소학교 주사(主事)였던 마오쩌둥도 소련행을 권했다.

런비스는 허락받을 곳이 있다며 고향으로 갔다. 신발공장 공원 천충잉(陳琮英)을 찾아가 포부를 털어놓았다. 천충잉은 어릴 때부터 두 살 어린 런비스를 하늘처럼 여겼다. 싫다, 좋다, 군말이 있을 리 없었다. 예쁜 주머니에 차곡차곡 모아둔 월급을 런비스에게 건넸다.

런비스는 엄마 뱃속에 있을 때부터 충잉의 남편감이었다. 이야기는 런비스의 아버지 때로 거슬러 올라간다. 아버지는 두 번 결혼했다. 첫 번째 부인 천씨는 결혼 1년 후 세상을 떠났다. 슬하에 소생도 없었다. 두 번째 부인이 런비스의 생모였다.

아버지는 감성이 풍부했다. 신기루 같았던 첫 번째 부인을 잊지 못했다. 천씨 집안과 인연이 계속되기를 바랐다. 두 번째 부인이 임신하자 조심스럽게 입을 열었다. "아들이 태어나면 전 부인의 조카와 혼인시키고 싶다." 부인이 수락하자 옛 처제를 찾아갔다. "장차 네 딸 충잉을 내 며느리로 맞이하고 싶다." 형부를 잘 따르던 처제는 눈물을 글썽였다. "언니는 이 세상 사람이 아니다. 영원히 오지 못한다. 형부 뜻을 따를 테니 제발 언니를 잊어라."

충잉은 네다섯 살 때부터 런비스를 돌봤다. 어딜 가나 붙어 다녔다. 런비스 집안은 돈 버는 사람이 아버지밖에 없었다. 교사는 박봉이었다. 항상 쪼들렸다. 충잉의 집안도 어렵기는 마찬가지였다. 엄

런비스(뒷줄 가운데)와 천충잉(앞줄 오른쪽 첫째).
1927년, 우한.

마가 일찍 세상을 떠나자 큰오빠에게 의지했다. 올케는 야박한 여자였다. 먹다 남은 밥만 시누이에게 줬다. 충잉은 누룽지로 끼니를 때우는 날이 많았다. 그러다 보니 나이가 들어도 체구가 왜소했다.

모스크바에 도착한 런비스는 동방공산주의노동대학에 입학했다. 코민테른이 소집한 민족혁명단체회의에 참석해 소련 공산당의 주목을 받았다. 레닌이 세상을 떠났을 때 시신을 지킨 외국인은 런비스를 포함한 5명의 중국 청년과 베트남 호찌민(胡志明)이 전부였다.

4년간 소련 유학을 마치고 귀국한 런비스는 상하이대학에서 교편을 잡았다. 천충잉에게 편지를 보냈다. "빨리 와라. 결혼식을 올리자."

런비스의 주위에 충고하는 사람이 많았다. "너는 유학까지 마친 대학교수다. 신발공장 노동자와 헤어져라."

문맹 천충잉과 결혼한 소련 유학파 교수 런비스

천충잉은 내세울 게 없었다. 체구는 왜소하고 얼굴은 창백했다. 전족(纏足) 경험이 있다 보니 발놀림도 둔했다. 게다가 문맹이었다. 어릴 때부터 아는 사람이라곤 런비스가 다였다.

천충잉은 눈만 뜨면 런비스 집으로 갔다. 며칠간 머물러도 뭐라는 사람이 없었다. 남들이 런비스 집안의 동양식(童養媳, 민며느리)이라고 했지만 무슨 말인지 몰랐다. 런비스가 학교에서 돌아오면 신이 났다. 산과 들을 뛰놀며 시간가는 줄 몰랐다. 청매죽마(靑梅竹馬)가 따로 없었다.

항일전쟁 초기, 팔로군 정치부 주임 시절의 런비스.
덩샤오핑(鄧小平)이 부주임이었다.
1937년 가을, 산시 성 팔로군 총부.

런비스는 열네 살 때 중학 문턱을 밟았다. 교사들은 런비스의 총기에 혀를 내둘렀다. 더 좋은 학교에 가라고 권했다. 교사였던 런비스의 아버지는 욕심을 냈다. 12개 현이 연합해 만든 중학에 아들을 전학시켰다. 무슨 놈의 학교가, 월사금은 그렇다 치더라도, 잡비가 너무 많았다. 안 그래도 없는 살림에 가계가 휘청거릴 정도였다. 교사 중에는 악질이 많았다. 먹고살자니 어쩔 수 없었겠지만, 제때 돈 못 내는 학생들을 들들 볶았다.

천충잉은 작은 방직공장에 취직했다. 매달 받는 돈을 함부로 쓰지 않았다. 안 먹고 안 쓰며 모은 돈으로 런비스의 학비를 지원했다. 중학을 마친 런비스가 모스크바로 떠날 때도 투정을 부리지 않았다. "걱정 말고 떠나라. 네 집안은 내가 돌보겠다."

유학 시절, 런비스는 틈만 나면 천충잉에게 편지를 보냈다. 천충잉은 편지가 올 때마다 글 아는 사람을 찾아갔다. 쪼그리고 앉아 몇 번을 들어도 지루해하지 않았다. 다음 편지가 올 때까지 이 사람 저 사람 잡고 늘어졌다. 누구냐고 물으면 결혼할 사람이라고 했다. 아무도 믿지 않았다.

런비스는 1924년 8월, 국·공합작 직후에 귀국했다. 상하이대학 러시아어과 교수로 부임해 공산주의청년단(이하 공청)을 조직했다. 당시 상하이대학은 합작의 결정체였다. 꿈 많은 젊은 남녀들이 상하이대학으로 몰려들었다. 합작은 말뿐이었다. 교수, 학생 할 것 없이 무슨 일이건 두 패로 나뉘어 충돌했다. 교장 위유런은 대범했다. "말린다고 될 일이 아니다. 싸우게 내버려둬라. 싸우다 지치면 언젠가 끝날 날이 온다"며 방치했다.

런비스와 천충잉의 결혼기념 사진.
1926년 3월, 상하이.

소련 유학을 마친 런비스는 혁명을 신성시하던 청년들의 우상이었다. 대학도 서서히 공산당 천하로 변해갔다. 공청 책임자 런비스는 여자들에게 인기가 있었다. 구애 편지를 하루에도 몇 통씩 받았다. 런비스는 피하지 않았다. 직접 만나서 이해를 구했다. "나는 어릴 때부터 결혼할 여자가 있었다." 뭐 하는 여자냐고 물어도 우물거리지 않았다. "방직공장 재봉사다. 문맹이고 나보다 두 살 위다." 소문이 퍼지자 런비스는 학내에 웃음거리가 됐다. 그래도 끄떡도 안 했다. 가까운 친구가 충고하자 정색했다. "나는 다른 여자를 염두에 둔 적이 없다. 그 덕에 중학을 마치고 유학까지 다녀왔다. 내가 딴생각을 품는다면, 그게 어디 사람이냐? 너는 나 같은 놈을 친구로 삼겠느냐?" 더 엉뚱한 소리를 하는 사람에게는 주먹을 날려버렸다.

1926년 봄, 창사의 방직공장에 낯선 사람이 찾아왔다. 천충잉을 만나 런비스의 안부와 편지를 전했다. "나는 상하이의 당 조직 책임자다. 런비스 동지가 네가 오기를 고대한다. 상하이까지 우리가 안내하겠다." 필적을 확인한 천충잉은 짐을 꾸렸다.

런비스를 만난 천충잉은 어렵게 입을 열었다. "나는 배운 게 없다. 네 배우자로 적합하지 않다. 고향으로 돌아가겠다." 역시 런비스였다. 웃으며 대꾸도 안 했다. 며칠 후, 간단한 결혼식이 열렸다. 위유런이 보낸 행서(行書) 대련을 저우언라이가 들고 왔다. 천충잉은 자신을 데리러 왔던 사람의 이름을 이날 처음 알았다. 남편이 시키는 대로 공청에 가입했다. 뭐 하는 곳인지 알려고도 하지 않았다. 천충잉 24세, 런비스 22세 때였다.

결혼과 이혼을 밥 먹듯 하던 시대에
저우언라이와 덩잉차오(鄧穎超, 왼쪽 두 사람),
런비스와 천충잉은 모범부부였다.
저우언라이는 덩잉차오 몰래 가끔 한눈을 팔았지만,
런비스는 그러지 않았다.
1938년 8월, 모스크바.

상하이는 너무 번화했다. 까막눈이다 보니 간판을 봐도 빵집인지 극장인지 알 길이 없었다. 고향 사투리가 심해 말도 통하지 않았다.

양복에 가죽구두 신은 남편과 거리에 나오면 주눅이 들었다. 자신의 모습이 어찌나 초라한지, 남들이 웃을까봐 고개도 들지 못했다. 그럴 때마다 런비스는 어깨를 두드렸다. "고개를 들어라. 숙일 이유가 없다. 내가 새로운 세상을 만들면 그때는 고개를 숙여라."

1927년 4월 12일, 북벌군 사령관 장제스가 군사정변을 일으켰다. 홍색 장군 장제스는 백색으로 변신했다. 공산당원을 닥치는 대로 도살했다. 국·공합작이 파열되자 공산당은 지하로 잠입했다.

코민테른과 중공은 긴급회의를 열기로 합의했다. 8월 2일 후베이 성 우한, 두꺼비처럼 생긴 작은 청년이 방을 구하느라 분주하게 오갔다. 런비스와 동갑내기인 덩시셴(鄧希賢), 훗날 중국을 쥐락펴락한 덩샤오핑이었다. 며칠 만에 장소와 회의 준비를 완벽하게 해치웠다.

런비스는 평소 그림을 잘 그렸다. 화구를 챙겨들고 우한으로 향했다.

중공 역사상 최연소 정치국원 자리에 오른 런비스

1925년 7월 1일, 쑨원 사망 4개월 후 국민정부가 공식 출범했다. 왕징웨이는 자타가 인정하는 쑨원의 후계자였다. 상무위원회 주석과 중앙군사위원회 주석, 선전부장까지 독차지했다. 다음 날 열린 경축행사에서 북벌을 선언했다. "쑨원 총리의 유지는 신성하다. 우리의 첫 번째 임무는 북벌이다. 중국의 통일이다."

왕징웨이는 공맹(孔孟) 사상의 추종자였다. 공손하고 관대했지만 심약하고 서생 기질이 농후했다. 살벌한 시대의 지도자감은 못됐다. 당을 장악하자 군의 실력자 장제스와 각을 세웠다.

2개월 후, 장제스가 혁명 근거지 광저우의 해군을 탈취했다. 이어서 국민당 제1군 소속 공산당원들을 숙청했다. 국민당 최정예 제1군을 장악한 장제스는 공산당과 결별했다. 왕징웨이는 쑨원의 정책을 견지했다. "소련과 연합해 공산당과 손잡고, 노동자와 함께 한다."

군을 움켜쥔 장제스는 왕징웨이를 압박했다. 왕징웨이는 맞설 자신이 없었다. 프랑스로 떠났다. "정치 지도자라는 사람이 하루 이틀도 아니고 외국에만 머물려 한다"는 비난이 일자 귀국을 서둘렀다. 열차로 소련을 경유했다. 스탈린(Iosif Stalin)은 국민당 좌파의 영수를 환대했다. 접견은 물론 같이 밥 먹고 술 마시고 춤추고 노래했다.

스탈린의 지지를 확신한 왕징웨이는 1927년 4월 2일, 귀국과 동시에 우한의 국민정부 주석에 취임했다. "국·공합작을 성사시킨 쑨원의 유지를 배신했다"며 장제스에게 도전했다. 공산당 대표 천두슈와 연합을 선언해버렸다.

"무산계급 독재는 각국 공산당의 가장 중요한 강령이다. 러시아는 실현했지만, 식민지나 반(半)식민지는 아직도 요원하다. 국민혁명의 추세로 볼 때 현재는 말할 것도 없고, 앞으로도 발생 가능성이 전무하다."

항일전쟁 시절의
런비스와 마오쩌둥(왼쪽 다섯째와 여섯째).
1941년 1월, 옌안 비행장.

장정 도중 허룽(賀龍, 왼쪽 첫째),
관샹잉(關向應, 오른쪽 둘째),
왕전(王震, 앉은 사람) 등과 함께한 런비스(맨 오른쪽).
1935년 8월, 후난 성 평(豊) 현.

장제스는 분노했다. 4월 12일, 상하이에서 정변을 일으켰다. 공산당원과 노동운동 지도자들의 목이 낙엽처럼 떨어졌다. 공산당은 장제스가 혁명 민중을 도살했다는 성명(蔣介石屠殺革命民衆宣言)을 냈다. 농민혁명과 국민혁명은 불가분의 관계라는 비장감 넘치는 내용이었다.

　"중국 인구 100명 중 80명이 농민이다. 농민혁명을 가볍게 여기면 혁명적 민주주의 정권의 건립은 불가능하다. 그간 국민혁명군이 가는 곳마다 산발적이나마 농민운동의 불길이 타올랐다. 국민정부는 수천 년간 고통받은 농민들의 처지를 근본적으로 해결해야 한다. 그러지 못하면 누구도 앞날을 보장 못 한다."

　마오쩌둥은 고향에서 농민들을 규합해 무장폭동을 준비 중이었다. 선언문을 보자 두 눈이 번쩍했다. 평소 자신의 생각과 별 차이가 없었다.

　공산당은 우한의 왕징웨이에게 기대를 걸었다. 각지에 지도원을 파견해 무장투쟁을 준비하며 왕징웨이를 부추겼다. 상하이에서 청년운동을 지도하던 런비스도 천충잉과 함께 우한으로 거처를 옮겼다. 지기(知己) 허룽을 내세워 왕징웨이와 접촉했다.

　난징에 국민정부를 수립한 장제스는 국민당 원로 후한민(胡漢民)에게 주석직을 제의했다. 후한민은 소문난 반공주의자였다. 거절할 리가 없었다. 난징과 우한에 두 개의 국민당 정부가 들어선 꼴이 됐지만 장제스는 동요하지 않았다. 중앙군사위원회 주석과 국민혁명군 총사령관을 겸했다. 국민당 좌파와 공산당원 193명에게 수배령을 내렸다.

이 와중에 우한에 온 런비스는 중공 제5차 전국대표대회에 참석했다. 이어서 공청 제4차 전국대표대회가 열렸다. 중앙 총서기는 런비스에 필적할 만한 사람이 없었다.

왕징웨이는 오래가지 못했다. 광둥·저장·안후이·푸젠이 공산당에게 무력을 행사하고 장시 성마저 동요하자 기세가 꺾였다. 장제스가 내민 손을 거절하지 않았다. 공산당과 선을 그었다. 장제스 못지않게 공산당원과 노조 지도자를 도살했다.

권력의 세계에서 연합이나 합작처럼 허망한 것도 없다. 장제스와 왕징웨이의 합작도 오래가지 못했다. 사사건건 충돌했다. 두 사람 모두 하야하는 것 외에는 방법이 없었다. 장제스와 후한민이 하야하자 왕징웨이도 은퇴를 선언했다. 호화 여객선을 타고 프랑스로 향했다. 장제스는 왕징웨이와 달랐다. 하야는 했지만 중국을 떠나지 않았다. 군권을 틀어쥐고 눈만 뜨면 쑹메이링 꽁무니만 따라다녔다.

공산당은 당황했다. 8월 7일, 한커우(漢口, 현 우한)에서 긴급회의를 열었다. 런비스는 마오쩌둥의 농민폭동을 지지하고 7년간 당을 이끌어온 천두슈의 제명을 제안했다. 8·7회의는 중공의 방향을 수정한 회의였다. 마지막 날, 런비스는 정치국에 진입했다. 23세, 중공 역사상 최연소 정치국원이었다. 회의를 마친 런비스는 폭동 상황을 둘러보기 위해 고향 후난으로 향했다.

현실 직시가 진리다

런비스는 눈치나 보는 기회주의, 불리하다 싶으면 둥지를 바꾸는 투항주의, 패거리 짓기 좋아하는 분열주의를 경멸했다. 극좌(極左)는 더 혐오했다. 원인을 간부의 자질과 청년 교육 부재로 돌렸다.

"혁명과 전쟁은 난관의 연속이다. 이탈자가 속출하기 마련이다. 불필요한 희생을 피하려면, 상황을 제대로 파악하고 현실을 존중하는 판단과 결정이 따라야 한다. 그러다 보면 단결과 투쟁을 거론할 자격이 저절로 생긴다."

많은 사람이 비슷한 말을 남겼다.

"런비스에겐 묘한 매력이 있었다. 황당한 사람도 그와 마주하면 진실한 사람으로 변했다. 연약한 사람은 강해졌다."

중공은 온갖 사연을 남긴 혁명 정당이었다. 창당 이래 위기에 처한 적이 한두 번이 아니었다. 결정적 위기도 두 차례 있었다. 그럴 때마다 런비스는 돋보였다.

사회주의청년단 총서기 시절, 중공 총서기 천두슈는 고집이 세고 친화력이 부족했다. 학자로서는 세계 어디에 내놔도 손색이 없었지만, 가장(家長) 기질이 말도 못 할 정도였다. 도시폭동에 버금가는 파업과 시위에만 열중했다. 결국 장제스의 정변을 초래하고, 쓸데없는 희생자만 양산했다. 그래도 당 전체가 천두슈의 명성에 숨을 죽였다. 불평 한마디 못 했다.

1927년 6월 중순, 존망의 위기에 처한 중공은 확대회의를 열었다. 새파란 런비스가 발언을 요청했다. 천두슈는 한 번 흘겨보더니 같잖다는 표정을 지었다. "발언 요청자가 많다. 기다려라." 몇 번을

런비스는 그림 · 피아노 · 전각 · 낚시 · 촬영 · 서예 등
취미가 다양했다.
베이핑 입성 후, 교외에 사냥 나온 런비스.

얘기해도 거들떠보지 않았다. 런비스는 분노했다. 천두슈의 동의 여부를 무시해버렸다. 의견서를 꺼내 선포했다. "사회주의청년단을 대표해 당 중앙에 정치 의견을 보고합니다." 태도가 정중했다.

천두슈는 의견선지 뭔지 들을수록 화가 났다. 실성한 사람처럼 벌떡 일어났다. "닥쳐" 소리와 동시에 주먹을 쥐고 튀어나갔다. 런비스의 손에서 의견서를 낚아챘다. 찢어 던지고 발로 짓이겼다. 그래도 분이 풀리지 않았는지 삿대질하며 발끈했다. "여기는 당의 회의다. 청년단은 발언 자격이 없다."

런비스는 침착했다. "그간 총서기의 의견을 진리라 여겼습니다. 역량을 무조건 신뢰했습니다. 의견서를 찢는 것이 역량의 표현입니까? 선동은 더 이상 쓸모가 없습니다. 저들의 무장에 맞서려면 우리도 무장을 갖춰야 합니다." 천두슈는 책상을 쳤다. "닥쳐라. 어린 놈이 뭘 안다고." 런비스는 흥분하지 않았다. 참석자들에게 호소했다. "진리는 별게 아닙니다. 현실을 직시하는 것이 진리입니다. 최후의 승리자는 진리입니다."

2개월 후, 천두슈는 당에서 축출당했다. 당의 책임자로 부상한 취추바이는 런비스에게 손을 내밀었다. 천두슈를 비난하며 청년단의 각오와 담력을 치하했다. 런비스는 취추바이에게도 실망했다. "과장이 심하다. 천두슈는 나의 정치적 성장에 스승과 같은 분이다. 존경에는 변함이 없다. 나는 스승을 사랑한다. 애석하게도 진리를 더 사랑할 뿐이다."

장정 도중, 중공은 둘로 분열될 뻔한 적이 있었다. 최대 위기였다. 분열 저지에 주도적인 역할을 한 사람도 런비스였다.

신중국 선포 직전 중공 중앙은 런비스에게 휴양을 권했다.
1949년 9월 말, 휴양지에서 북한 청년대표단의 방문을 받은
병중의 런비스(오른쪽 셋째).

런비스는 30대에 50대 후반처럼 늙어 보였다. 두 번의 체포가 이유였다. 온갖 악형에도 신분을 노출시키지 않고 동지들을 팔지 않았다. 전기고문으로 주먹만 한 흉터 두 개가 죽는 날까지 등에 남아 있었다. 런비스는 시종일관 마오쩌둥을 지지했다. 1930년대 후반에서 40년대에 이르기까지 "마오쩌둥의 노선이 중국 현실에 가장 부합되고 정확하다"는 주장에서 한 발짝도 물러서지 않았다.

1938년, 모스크바에 갔을 때도 코민테른 측에 강조했다. "마오쩌둥이야말로 중공의 영수다. 사사로운 정 때문이 아니다." 중공은 코민테른의 지부(支部)였다. 코민테른은 런비스를 신뢰했다.

1940년대 초, 중공의 항일 근거지 옌안에서 대규모 정풍(整風) 운동이 벌어졌다. 마오쩌둥이 직접 주임을 맡았다. 부주임 캉성은 극좌의 표본이었다. 밀고를 조장하고 닥치는 대로 잡아갔다. 많은 간부가 반도(叛徒)로 전락했다. 억울하게 죽는 사람이 많았다. 런비스는 "당을 구하기 위해 시작한 운동이 불량한 쪽으로 변질됐다"며 우려했다. 마오쩌둥에게 간했다. "반혁명세력이 우리의 혁명 대오를 추월했다니 믿을 수 없다. 엄밀한 조사와 연구가 필요하다. 실사구시(實事求是)를 견지하자. 우리는 외부에 강한 적이 있다. 내부에도 매사에 소극적인 사람이 많다. 이들은 좌를 기준으로 정리해야 할 대상이 아니다. 돕고 끌어안아야 할 동지들이다. 병을 치료하고, 사람을 구하는 자세를 취함이 마땅하다." 마오쩌둥은 런비스의 건의를 받아들였다. 캉성을 산둥으로 보냈다.

캉성은 평소 런비스를 무서워했다. 이유를 묻는 사람에게 "상하이대학 시절 스승이었다"고 둘러댔지만 말뿐이었다. 런비스 앞에만 가면 주눅 들고, 감히 덤빌 엄두를 내지 못했다.

깨진 국·공합작, 장제스 옌안 공격 눈치 챈 마오

모든 동물은 전쟁을 통해 먹고산다. 인간도 동물이다 보니 어쩔 수 없다. 항일전쟁 승리 후, 국·공 양당은 무력충돌이 그치지 않았다. 눈만 뜨면 지역이 확대되고 규모도 커졌다. 전쟁이 끝난 줄 알았던 국민들은 불안했다. 군사력은 국민당이 우세했다. 중공은 열세였지만 자신감이 넘쳤다. "국민은 평화를 갈망한다"며 서로 삿대질을 해댔다. 그때도 미국은 약방의 감초였다. 중재에 나섰다. 마셜 원수를 특사로 파견했다. 제2차 세계대전의 영웅도 중국에선 통하지 않았다. 1947년 1월, 실패를 인정하고 중국을 떠났다.

3월 7일, 중공은 난징과 상하이의 중공연락사무소와 『신화일보』(新華日報)를 폐쇄했다. 저우언라이와 둥비우, 왕빙난(王炳南) 등 중공 대표단 74명도 중공 중앙 소재지 옌안으로 돌아갔다. 1936년 12월 12일, 시안 사변 후 아슬아슬하게 지속되던 국·공합작은 역사 속으로 사라졌다. 장제스는 전면전에 앞서 군의 사기를 고려했다. 중공의 심장부 옌안을 노렸다. 중공 대표단이 난징을 떠나기 전인 2월 28일, 시안에 있던 후쭝난을 난징으로 호출했다. 황푸군관학교 1기생 후쭝난은 장제스의 직계였다. 1세대 중공 당원 중에 동창도 많고 친구도 많았지만 장제스에 대한 충성심도 남달랐다.

항일전쟁 기간, 후쭝난은 시안에만 주둔했다. 임무도 별게 아니었다. 3개 집단군을 거느리고 시안을 압박하는 일본군 견제와 중공의 항일 근거지 산베이(陝北) 지역 동향 파악이 다였다. 시안은 중

1947년 3월 14일 옌안을 떠나기 직전,
회의에서 연설하는 런비스.
앞쪽부터 류사오치, 저우언라이, 마오쩌둥, 주더.

공 중앙이 있던 옌안과 지척 간이었다.

후쭝난은 국·공 쌍방의 병력을 열거하며 그간 수집한 정보를 상세히 보고했다. 장제스는 흡족했다. 3월 1일, 후쭝난이 국방부에 제출한 옌안 공략 방안을 승인했다. "3월 10일 작전을 개시하라." 당시 옌안에는 미군 시찰단이 와 있었다. 이들이 12일 떠난다는 보고를 받자 작전 일자를 14일로 변경했다. 후쭝난의 기요비서 슝샹후이(熊向暉)는 중공 비밀당원이었다. 후쭝난의 작전 계획을 송두리째 옌안으로 보냈다. 3월 8일, 중공은 옌안 시장에서 대규모 집회를 열었다. 런비스가 집회를 주도했다. "옌안을 보위하자"(保衛延安)는 구호가 요란했다.

슝샹후이의 정보는 정확했다. 14일 새벽, 후쭝난이 지휘하는 국민당군 20만 명이 세 방향에서 옌안을 공격했다. 중공 중앙서기처는 긴급회의를 소집했다. 마오쩌둥이 제안했다. "옌안에서 철수한다. 류사오치와 주더는 화베이 성 핑산(平山) 현으로 이동해 시바이포(西柏坡)에 새로운 농촌 근거지를 마련해라. 산베이는 13년간 우리를 감싸줬다. 가볍게 포기하고 떠나는 건 도리가 아니다. 나와 저우언라이, 런비스는 산베이에 남아 전쟁을 지휘한다."

마오쩌둥이 마지막 농촌 지휘소로 시바이포를 선택한 것은 이유가 있었다. 항일전쟁 시절, 중공 관할 지역인 핑산 현 서기가 옌안에 온 적이 있었다. 집회에서 무턱대고 앉다 보니 마오쩌둥과 런비스 가운데였다. 두리번거리다 일어서는 순간 마오쩌둥이 손을 잡아 끌어당겼다. 씩 웃으며 물었다. "어디 사람이냐?" "핑산 현입니다." 마오는 무릎을 쳤다. "녜룽전에게 익히 듣던 지역이다. 거기서

시바이포에 합류한 5대 서기 상상도.
오른쪽부터 주더, 저우언라이, 마오쩌둥, 류사오치, 런비스.
런비스 혼자 수심에 잠겨 있는 모습이 이채롭다.

뭘 했느냐?" "현 위원회 서기를 하고 있습니다." "서기라면 그곳에 대해 잘 알겠구나. 어떤 곳인지 궁금하다. 날 따라와라. 내 방에 가면 고구마가 있다."

정직한 시골 서기는 말주변도 좋았다. 연신 고구마를 먹어가며 고향 자랑에 날 새는 줄 몰랐다. "항일전쟁 초기, 우리 핑산 청년들은 너 나 할 것 없이 참전했습니다. 팔로군 주력 3개 사단에 핑산 자제들로 2개 여단이 꾸려질 정도였습니다. 어찌나 용감했던지, 녜룽전 동지에게 '철군'(鐵軍)이라는 소리까지 들었습니다. 일본놈 때려죽이다 부상당하거나 전사한 아들 없는 집이 거의 없습니다. 민풍이 순박하고, 산수가 뛰어납니다. 용이 숨어 있고, 호랑이가 웅크리고 있을 만한 곳입니다." 말을 마친 현 서기는 차로 목을 적시더니 고구마에만 열중했다.

마지막 남은 고구마까지 비운 현 서기는 배를 쓸어내더니 마오와 런비스를 바라보며 씩 웃었다. 웃음으로 답한 마오가 계속하라며 손짓하자 현 서기는 더 신이 났다. "들어보셨는지 몰라도, 시바이포는 우리 현에서 가장 아름다운 곳입니다. 주변에 10여 개의 마을이 널려 있는, 토질이 비옥하고 물산이 풍부한 곳입니다. 녜룽전 동지도 '우크 뭐' 같은 곳이라는 말을 자주 했습니다." 옆에 있던 런비스가 "우크라이나"라고 하자 "맞다"며 손뼉을 쳤다. 이날 이후 마오쩌둥은 각계 인사를 만날 때마다 시바이포에 관한 질문을 빠뜨리지 않았다. 런비스와 녜룽전의 분석도 일치했다. "시바이포는 천군만마(千軍萬馬)를 용납하고도 남을 지역이다."

마오쩌둥과 런비스, 저우언라이는 소수의 경호원과 무전병만 데리고 산베이를 떠돌았다. 가장 적은 인원으로 중국 역사상 가장 큰 전쟁을 지휘했다. 화베이의 중심도시 스자좡(石家莊)을 점령하자 황하를 건넜다. 일행은 시바이포에서 류사오치, 주더와 합류했다. 다들 승리를 확신했다.

런비스는 걱정이 많았다. 마오쩌둥과 저우언라이가 이유를 물었다. 역시 런비스였다. "지금까지 한 고생은 고생도 아니다. 앞으로 가 더 힘들고 복잡하다. 이 많은 인구를 먹여 살릴 생각을 하면 잠이 안 온다."

원칙에는 상하가 없다

생각지도 않았던 승리는 사람을 들뜨게 한다. 상대의 오만과 헛 발질로 이겼을 경우 정도가 더 심하다. 굶다 잔칫상 받은 사람들처럼 온갖 추태를 연출하기 일쑤다. 초기 중공 지도자들은 그러지 않았다. 중공은 1921년 창당 이래 수많은 난관을 극복한 혁명 정당이었다.

1949년 3월 5일, 승리를 앞둔 중공은 마지막 농촌 지휘소 시바이포에서 제7차 전국대표대회 두 번째 회의를 열었다. 오랜 작풍(作風)인 겸허(謙虛)와 근신(勤愼)을 강조하고, 교만과 성급함을 경계했다. 기본 전략도 수정했다. 참석자들은 "그간 농촌만 떠돌았다. 전략 거점을 도시로 이전한다. 당 지도자의 만수무강 기원과 도시나 거리를 지도자의 이름으로 개명하는 것을 금지한다"는 마오쩌둥의 발언에 환호했다. 런비스의 발언은 간단했다. "중국은 농업국에서 공업국으로 변해야 한다. 전쟁 시절보다 더 절약해야 한다. 동판(銅板) 한 개, 기름 한 방울도 아끼지 않으면 그간의 노력은 허사가 된다." 회의는 일주일간 계속됐다.

3월 23일, 중앙기관과 인민해방군 총부(總部)는 시바이포를 떠났다. 런비스도 마오쩌둥, 주더, 류사오치, 저우언라이와 함께 베이핑으로 향했다. 출발 전날 잠이 오지 않았다. 한방에 둘러앉았지만 탄식과 헛웃음 외에는 딱히 나눌 말이 없었다. 마오쩌둥이 먼저 입을 열었다. "마음을 다스리기 힘든 밤이다. 아무리 자려 해도 눈이 감기지 않는다." 저우언라이가 이유를 묻자 모두를 둘러보며 씩 웃었다. "동 트면 우리는 베이핑에 과거 보러 간다. 잠을 안 자도 기쁘다." 끝나기도 전에 저우언라이가 말을 받았다. "낙방하면 다시 돌아오면 된다." 총사령관 주더는 군인다웠다. "쫓겨나도 그만이다. 다시 징강산에 가서 유격전 하면 된다." 마오가 못 한 말을 계속했다. "철수는 실패를 의미한다. 무슨 일이 있어도 이자성(李自成)의 전철을 밟아서는 안 된다." 런비스는 한마디도 하지 않았다.

이자성은 명나라 말기 농민폭동 지도자였다. 18년간 악전고투한 끝에 베이징에 입성해 명 왕조의 숨통을 끊어버렸지만, 준비가 부족했다. 예하 지휘관들의 부패와 오만으로 40일 만에 베이징에서 쫓겨난 비운의 혁명가였다.

베이핑까지 가는 길엔 국민당군에게서 노획한 100여 대의 군용 트럭과 20여 대의 미군 지프를 동원했다. 교외의 유서 깊은 공항에서 입성 열병식이 열렸다. 관계기관에서 서기들에게 건의했다. "서기들의 복장이 남루하다. 땀과 먼지투성이다. 옆에만 가도 이상한 냄새가 진동한다. 새 옷을 준비했다." 런비스는 동의하지 않았다.

스탈린의 특사 미코얀(Anastas Mikoyan, 오른쪽)과
골목에서 이야기를 나누는 런비스(가운데).
1949년 1월, 시바이포.

"1934년, 장정 도중 적에게서 뺏은 전리품이다. 이 옷을 입고 천하를 평정했다. 이제부터 우리는 가난과 불평등·불합리와 싸워야 한다. 적만 바뀌었을 뿐 변한 건 아무것도 없다. 그냥 입고 베이핑에 입성하겠다."

후쭝난에게 근거지 옌안을 내주고 농촌과 산간을 전전하며 전쟁을 지휘한 지 2년 만이었다.

런비스는 원칙을 준수하는 사람이었다. 원칙에 어긋나면 상대가 누구라도 양보하지 않았다. 간부들에게 엄격했고, 자신에게는 더했다. 옛말을 자주 인용했다. "윗사람의 몸가짐이 바르면 시키지 않아도 아랫사람이 행한다. 바르지 못하면 시켜도 복종하지 않는다." 그러다 보니 많은 일화를 남겼다.

마오쩌둥의 부인 장칭(江靑)도 예외가 아니었다. 항일전쟁이 한창이던 1941년, 중공은 궁핍에 시달렸다. 당 살림을 도맡아하던 런비스는 궁여지책을 썼다. "각자 먹고살 길을 찾아라." 런비스의 말은 무게가 있었다. 단위마다 황무지를 개간하고 양식을 거뒀다. 여인들도 팔을 걷어붙였다. 런비스는 절약한 자금을 홍콩에 투자하고 이윤은 직접 관리했다. 국민당 내부에 침투해 있던 비밀당원과 국민당 관할 구역에서 암약하던 지하당원이 활동경비를 원 없이 쓴 것은 순전히 런비스 덕분이었다.

장칭도 당시에는 말이나 행동이 헤프지 않았다. 한번은 워낙 쪼들리다 보니 런비스가 관장하는 특별회계과를 찾아가 추가경비를 요청했다. 직원에게 거절당하자 주먹으로 책상을 치며 씩씩거렸다. 보고를 받은 런비스는 회계 직원의 등을 두드렸다. "잘했다. 원

베이핑 입성 후 담당 의사와 경호원·취사병과 함께한
런비스(앞줄 오른쪽 셋째)와 부인 천충잉.

칙에는 상하가 없다."

장칭은 분을 삭이지 못했다. 쪼르르 마오쩌둥에게 달려가 일러 바쳤다. 전말을 들은 마오는 장칭에게 속사포를 퍼부어댔다. "런비스가 그런 사람인 줄 몰랐느냐? 주석의 생활비서라는 사람이 회계원에게 대들고, 주먹으로 책상 내려치는 못된 습관은 어디서 배웠느냐? 당장 가서 사과해라."

그길로 마오쩌둥은 런비스의 숙소를 찾아갔다. 무안한 표정을 지으며 너털웃음을 지었다. 원인을 알게 된 런비스는 당황했다. 엉거주춤 자리에서 일어나 손으로 뒷머리를 쓸어내렸다. 표정이 어찌나 근엄했던지 마오는 폭소를 터뜨렸다. 런비스가 따라 웃자 배꼽을 잡으며 한마디 했다. "너도 웃을 때가 있구나. 장칭 덕분이다."

죽는 날까지 일밖에 몰랐던 런비스

베이징 입성 후 중공은 변했다. 환경이 변하고 임무가 변하자 사람도 변했다. 런비스는 예외였다. 여전히 일 적게 하고, 쓸데없는 일거리 만들고, 돈 많이 쓰는 것을 두려워했다.

중공 중앙은 한동안 베이징 교외 샹산(香山)에 머물렀다. 샹산에서 베이징 시내까지는 약 25킬로미터 내외로, 일을 보러 나가려면 차가 필요했다.

스탈린이 5대 서기에게 승용차를 한 대씩 보냈다. 런비스는 5대 서기 중 건강이 제일 안 좋았다. 전용차량을 제일 먼저 배정했다. 런비스의 경호원들이 비슷한 회고를 남겼다.

"런비스는 다 낡아빠진 차를 타고 다녔다. 하루에도 몇 번씩 시동이 꺼졌다. 소식을 접하자 다들 들떴다. 벙글거리며 차를 수령하러 가겠다고 보고했다. 런비스는 우리를 저지했다. 나는 시내에 나갈 일도 없다. 더 필요한 동지들이 타고 다니게 해라."

런비스는 당 내에 차가 늘어나자 기름 걱정부터 해댔다. "기름값이 비싸다. 오늘부터 시내에 나갈 때는 한 번에 일을 처리하고 와라. 한 가지 일로 두 번, 세 번 들락거리지 마라."

예외도 있었다. 비서의 회고를 소개한다.

"오밤중에 만삭의 요리사 부인이 온몸을 뒤틀며 통증을 호소했다. 빨리 입원시키지 않으면 큰일 날 것 같았다. 차를 쓰려면 런비스 동지의 허락이 필요했다. 달려가보니 수면제를 먹고 잠든 후였다. 임시로 3륜차 한 대를 빌렸다. 털털거리며 산부인과에 갔다. 다음 날, 간밤의 일을 안 런비스는 화를 냈다. '꼭 필요할 때 사용 못 하는 너희들은 기계지 사람이 아니다. 길에서 애가 태어났으면 어쩔 뻔했느냐? 생각만 해도 끔찍하다.' 어찌나 화를 내던지 다들 식은땀을 흘렸다."

당 중앙위원회를 베이징으로 옮긴 후 런비스는 남들처럼 중난하이(中南海)에 입주하지 않았다. 이유가 분명했다. "황제가 살던 곳에 살려고 혁명하지 않았다. 군중과 접촉할 기회가 없어진다." 시내 한복판에 적당한 집이 있었다. 교통은 편했지만 소음이 말도 못

할 정도였다. 심장병과 고혈압에 시달리던 런비스는 안정이 필요했다. 걱정하는 사람들을 달랬다. "눈 덮인 산을 기어오르고, 거리에서 숙박한 시절이 엊그제 같다. 지금은 편안한 방에서 생활한다. 불편할 이유가 없다."

저우언라이가 측근들에게 지시했다. "런비스 동지의 신분에 맞는 집을 구해라." 조용한 골목에 군 기관이 사용하던 적당한 집이 있었다. 런비스는 사양했다. "우리 가족 살기 위해 정부기관을 옮기는 것은 적절치 못하다." 마오쩌둥이 집을 한 채 사라고 했을 때도 손사래를 쳤다. "돈도 많이 들고 이사하려면 번거롭다. 시끄럽긴 하지만 총소리보다 정겹고 산책하기도 편하다." 수리도 못 하게 했다. "집치장에 돈 들일 필요 없다. 조직과 동지들에게 일거리만 더할 뿐이다. 비도 새지 않고 외풍도 없다." 런비스는 죽는 날까지 거처를 옮기지 않았다.

1949년 4월, 신민주주의청년단 전국대표대회가 베이징에서 열렸다. 런비스가 당 중앙위원회를 대표해 정치 보고를 했다. 참석자들은 런비스의 건강상태를 알고 있었다. 우레와 같은 박수가 그치지 않았다. 직접 작성한 원고를 읽어 내려가던 런비스는 체력을 부지하지 못했다. 다른 사람이 후반부를 대독했다. 청년 대표들은 들 것에 실려 나가는 런비스를 통곡으로 배웅했다.

중공 중앙서기처는 긴급회의를 열었다. 런비스의 휴양을 의결했다. 마오쩌둥이 금붕어와 서신을 보냈다. "아무도 못 가게 했다. 일을 손에서 놓고 금붕어 보며 노닐어라. 건강을 되찾는 날, 내가 제일 먼저 달려가마."

모스크바 교외와 흑해 연안에서
요양을 마치고 귀국한 런비스(왼쪽)를 맞이하는 주더.
뒤에 원수 녜룽전의 모습도 보인다.
1950년 5월 28일, 베이징 쳰먼(前門) 기차역.

1949년 10월 1일, 천안문(天安門) 광장에서 신중국 개국 선포식이 열렸다. 런비스는 의사의 권유로 참석하지 못했다. 중계방송을 들으며 부인 천충잉에게 감회를 털어놓았다. 난생처음 힘들다는 말을 입에 올렸다. "승리하기까지 정말 힘들었다. 희생당한 동지들이 생각난다." 그날 밤, 비서와 경호원, 운전병들을 한자리에 모았다.

"나 때문에 너희들까지 개국대전을 참관하지 못했다. 내가 피아노 칠 테니 노래나 부르자."

그해 12월, 런비스는 모스크바 크렘린 궁 병원으로 후송됐다. 병세는 호전되지 않았다. 회진 온 크렘린 궁 의사들이 런비스를 진단했다. 성한 데가 한 곳도 없었다. 마오쩌둥은 스탈린에게 도움을 청했다. 스탈린이 동의하자 저우언라이와 함께 런비스를 찾아갔다.

크렘린 궁의 명의들은 런비스에게 정성을 다했다. 12월 하순, 소련에 온 마오쩌둥이 런비스가 있는 요양원을 방문했다. 두 사람은 별말을 나누지 않았다. 서로 웃기만 하다 헤어졌다.

치료를 마치고 귀국한 런비스는 오금이 쑤셨다. 마오에게 편지를 보냈다. "당 조직과 공청 관련 일을 하고 싶다." 마오는 거절하지 않았다. "조건이 있다. 하루에 네 시간 이상은 허락할 수 없다."

런비스는 한 번 일을 시작하면 온종일 매달리는 성격이었다. 4개월 후 세상을 떠났다.

런비스는 성실하고 모범적인 직업 혁명가였다. 염도 마오쩌둥, 류사오치, 주더, 저우언라이가 직접 했다.

런비스의 염을 마친 네 명의 중공 서기.
마오쩌둥(앞줄 왼쪽 둘째), 주더(오른쪽 셋째),
류사오치(마오 뒤 왼쪽), 저우언라이(오른쪽 둘째).
너 나 할 것 없이 침통한 모습이다.
1950년 10월 28일, 베이징.

학발동안鶴髮童顔 노당익장老當益壯

"나는 한 명의 전사일 뿐, 쓸모 있는 노병이 소원이다."

마오의 스승 쉬터리의 독서 파산 계획

원로(元老) 소리는 아무나 듣는 게 아니다. 연로하고 경력이 화려해도 손아랫사람 트집 잡기 좋아하고, 돈 몇 푼 때문에 자리 보전에만 급급하면, 원로 소리는커녕 한적한 곳에서 젊은 사람에게 얻어터지지만 않아도 다행이다.

국·공 양당은 이합집산을 일삼는 3류 정객들의 집결지가 아닌, 당당한 혁명 정당이었다. 원로 소리 듣기에 손색없는 사람들이 널려 있었다. 국민당은 장징장, 차이위안페이(蔡元培), 우즈후이, 리스쩡(李石曾)을 4대원로(四大元老)라 부르며 추앙했다. 네 사람은 공통점이 많았다.

중공도 옌안 시절 쉬터리(徐特立), 셰줴짜이(謝覺哉), 둥비우, 린보취(林伯渠), 우위장 등 5대원로(五大元老)가 있었다. 흔히 '5로'(五老)라고 불렀다. 옌안 5로도 국민당 4대원로처럼 비슷한 점이 많았다. 허구한 날 붙어 다니지 않아도 관계가 밀접하고 원만했다. 만날 때마다 낯붉히고 헤어지는 법이 없었다.

5로는 모든 사람에게 신망이 두터운 노(老)혁명가였다. 각자 분

옌안 5로는 한자리에 모일 기회가 거의 없었다.
화가 우산밍(吳山明)이 이들을 한자리에 모았다.

야는 달랐지만 공통점이 있었다. 어린 시절부터 전통적인 교육을 받았다. 커가면서 신학문도 배척하지 않았다. 게다가 지독한 독서가였다. 독서가 생활의 한 부분인 것은 물론이고 독서 경력이나 학풍·방법도 비슷했다. 말이나 행동에서부터 전통 사대부의 체취가 물씬 풍겼다.

쉬터리는 1877년 2월 1일, 후난 성 창사에서 태어났다. 1937년 중공의 혁명 성지 옌안, 쉬터리의 60회 생일이 임박했다. 1월 31일 밤, 중공 영수 마오쩌둥은 오랜만에 붓을 들었다. 일필휘지, 은사에게 보낼 축하 서신을 직접 작성했다.

마오쩌둥은 다음 날 열린 생일잔치도 직접 주관했다. 고향 풍속 대로 잘 만든 모자와 홍색 실로 여민 돈 봉투를 두 손으로 정중히 올리며 만수무강을 기원했다. 축사도 빠뜨리지 않았다. "사범학교 시절, 가장 존경하는 스승이 두 분 있었다. 한 분은 양화이중(楊懷中) 선생이고, 다른 한 분은 쉬터리 선생이었다. 양화이중 선생은 세상을 떠난 지 오래다. 쉬 선생은 퇴학당할 뻔한 나를 세 번이나 구해줬다. 그 덕분에 학업을 제대로 마칠 수 있었다. 선생은 예전에 내 스승이었고, 지금도 내 스승이다. 앞으로도 영원히 내 스승이다." 양화이중은 마오의 첫 번째 장인이었다. 마오가 착석하자 전우 겸 프랑스 유학 동기인 옛 제자들의 축사가 줄을 이었다.

쉬터리는 꽃과 책을 좋아했다. 청년교사 시절 '10년 독서 파산 계획'을 세웠다. 매년 받는 봉급 중 생활비를 뺀 나머지로 책을 구입했다. "꽃과 책처럼 아름다운 것도 없다. 꽃구경하는 사람과 책 보는 사람도 마찬가지다. 세상이 뭔지 깨우치려면 독서를 게을리

말년의 쉬터리.
혹독한 세월을 거친 노인 티가 전혀 없었다.

하지 말아야 한다. 꽃구경은 돈이 안 들지만 책에는 돈이 많이 든다"며 조상 대대로 내려오는 전답도 처분했다. 1897년, 스물세 살 때였다.

돈이 생기자 고가의 책들을 닥치는 대로 구입했다. 값도 깎지 않았다. 남이 주는 책은 사양했다. "책은 제 돈 주고 사야 보게 된다." 파산 계획은 10년을 채우지 못했다. 8년 만에 무일푼이 됐다. 8년 독서는 의외의 결과를 초래했다. 명문 학교에서 초빙이 잇달았다. 가족들 끼니 걱정은 잠시였다.

쉬터리의 독서는 효과를 중요시했다. "결과보다 과정이 중요하다고 말하는 사람이 많다. 세상 이치가 뭔지 모르는 허황된 사람들이다. 무슨 일이건 결과가 있어야 한다." 제자들에게 방법도 제시했다. "책은 사람과 비슷하다. 세상에 꼭 필요한 사람과 없어야 될 사람은 극소수다. 있어도 그만 없어도 그만인 사람이 대부분이다. 대화를 나누다 보면 즐거움보다 재미만 있는 사람이 많은 것처럼, 책도 흥미만 유발시키는 책이 더 많다. 아무리 좋은 책이라도 건성으로 읽는 것은 시간 낭비다. 그냥 열 권 읽느니 그 시간에 한 권 정독하는 편이 낫다."

독서를 많이 한 쉬터리는 인간사 별게 아니라는 것을 진작 깨달았다. 매사에 침착하고 젊은이들에게 관대했다. 혁명 시절이다 보니 평소라면 해서는 안 될 일을 부득이하게 할 때도 야비하지 않고 품위가 있었다. 독서 덕이었다.

독서로 갈 길 찾은 둥비우는 자각한 혁명가

중공 창당 대표 둥비우는 평생을 박람군서(博覽群書)로 일관한 사람다웠다. 80세 생일을 앞두고 "나이가 들수록 학식이 부족한 것을 뼈저리게 느낀다. 신해혁명은 성공했지만, 혁명당은 산산조각 났다. 나는 아직도 실패와 성공, 한가한 것과 바쁜 것이 뭐가 다른지 모른다. 인간세상은 뭐가 뭔지 모를 것투성이라는 것 외에는 딱히 할 말이 없다. 세상을 헛산 것 같다. 생각할수록 내 자신이 한심할 뿐"이라며 가슴을 쳤다.

주위 사람들은 기겁했다. "둥비우는 청말(清末) 수재(秀才) 출신에 해외 유학까지 마친 사람이다. 거대한 역사의 물줄기 맨 앞에 서기를 피한 적 없는 노인이다. 책을 얼마나 많이 읽었으면 저런 말이 나올까." 틀린 말이 아니었다. 둥비우도 지독한 독서가였다.

둥비우는 다른 혁명가들과 달랐다. 청년 시절, 누구의 가르침이나 영향을 받은 적이 없었다. 둥비우보다 한발 늦게 혁명에 참가한 사람들은 관핍민반(官逼民反, 관이 핍박하면 백성은 반항한다)이 대부분이었다. 하루 세끼, 제대로 먹어본 사람이 거의 없었다.

둥비우의 아버지는 잡화상을 운영했다. 부유한 편은 아니었지만, 애들 밥은 굶기지 않았다. 책만 보는 아들을 나무라지도 않았다. 둥비우는 돈만 생기면 책방으로 달려갔다.

둥비우의 고향 인근에 서양 선교사들이 많았다. 돈 벌러 온 건지, 선교하러 온 건지 분간이 안 갔다. 아편 재배, 부녀자 희롱, 인력 착취 등 못된 짓이란 못된 짓은 골라 가면서 해댔다. 행패가 악질 지주보다 더했다. 농민들이 들고일어났다. 떼로 몰려가 교회를 불사

항일전쟁 시절, 후베이 성 우한의 중공 주재지에서
회의에 참석한 둥비우(왼쪽 둘째)와 우위장(오른쪽 첫째).
왼쪽 첫째는 회의를 주재하는 예젠잉.

르고 선교사들에게 몽둥이찜질을 안겼다.

외국 선교사들의 거주지와 교회는 치외법권 지역이었다. 지방 관헌들이 진압에 나섰다. 가혹하기가 말로 표현하기 힘들 정도였다. 청년 둥비우는 분개했다. "제 나라 국민을 감쌀 줄 모르는 정부, 다시는 믿지 않겠다."

류진안(劉晉安, 훗날 옥사했다)이라는 사람이 동네 빈 창고에 작은 도서관을 만들었다. 집안 대대로 내려오는 책을 쌓아놓고 아무나 와서 읽게 했다. 본인은 얼굴도 비치지 않았다. 둥비우에게는 지상 낙원이었다. 개혁가 량치차오(梁啓超)의 책을 읽으며 흥분했다. 흥분이 실망으로 변하기까지 오랜 시간이 걸리지 않았다. 조심스럽게 혁명가 쑨원의 이론과 접촉했다. 쑨원이 이끌던 중국혁명당에 가입했다.

쑨원은 일본에 체류 중이었다. 둥비우는 일본 유학을 떠났다. 접촉하면 할수록, 쑨원은 한계가 있었다. 일본 친구를 통해 마르크스라는 사람의 이름을 처음 들었다. "이론도 이론이지만 실천이 본받을 만하다."

『자본론』을 읽어보니 맞는 말이라는 생각이 들었다. 읽고 또 읽었다. 애덤 스미스(Adam Smith)의 『국부론』도 밤새워 읽었다. 마르크스에게 더 호감이 갔다. 그럴 만한 나이였다. 훗날 둥비우의 아들은 한마디로 정의했다. "아버지의 청년 시절은 불만투성이였다. 독서를 통해 갈 길을 찾은, 자각한 혁명가였다."

1921년 여름, 중공 제1차 전국대표대회에 참석했을 때도 둥비우의 짐 보따리가 제일 컸다. 갈아입을 옷이나 생활용품은 단 한 점도

232

한 화가가 독서에 열중하는
둥비우의 모습을 화선지에 담았다.

훗날 중공 원수 허룽(왼쪽 셋째),
뤄룽환(羅榮桓, 왼쪽 다섯째),
국가주석 양상쿤(오른쪽 둘째) 등과 함께한
5로의 한 사람 셰줴짜이(왼쪽 넷째).
1938년 가을, 옌안.

없었다. 모두 책이었다. 장정 시절에도 손에서 책을 놓지 않았다. 홍군 여전사의 회고를 소개한다.

"장정 초기, 둥비우는 건강이 안 좋았다. 그래도 험한 길을 마다하지 않았다. 30여 명의 여전사들에게 틈만 나면 중국 고전과 서구의 아름다운 서정시를 읽어주곤 했다. 그렇게 소탈할 수가 없었다. 말이 떨어질 때마다 우리는 입을 헤벌렸다. 좋은 책 많이 읽으면 그렇게 되느냐고 물었더니 책 많이 읽은 사람 중에 나쁜 사람도 많다며 고개를 저었다. 실천이 제일 중요하다며 웃었다."

둥비우는 고문(古文)과 시(詩)에 능했다. 오랜 유학 생활로 영어와 일본어, 러시아어를 자유롭게 구사했다. 법학에도 조예가 깊었다.

1945년, 샌프란시스코에서 유엔 창설을 위한 회의가 열렸다. 중국도 대표 5명을 파견했다. 한 명을 공산당 몫으로 배정했다. 국제무대에 널리 알려진 대표단원들은 둥비우를 '와인도 마실 줄 모르고, 포크와 나이프도 제대로 쓸 줄 모르는' 저속한 농민 반역자 정도로 여겼다. 착각은 잠시였다. 미국까지 가는 도중에 "중공에도 저런 지식인이 있는 줄 몰랐다"며 혀를 내둘렀다.

미국에 도착한 둥비우는 화교와 언론인, 조야인사들을 폭넓게 만났다. 중공 활동지역(해방구) 상황과 영향력을 국제사회에 알렸다. 유엔 헌장에도 직접 서명했다. 1975년, 둥비우가 사망했다. 유엔 사무총장 발트하임(Kurt Waldheim)이 조전(弔電)을 보냈다. "유엔 창설자 중 한 사람"이라는 구절을 빠뜨리지 않았다.

셰줴짜이도 평생을 독서와 사색으로 일관했다. 60세 생일날 둥비우가 보낸 축시에 "그간 쌓인 문장이 모두를 놀라게 했다"는 구절을 발견하자 화들짝 놀랐다. 즉석에서 답신을 보냈다. 독서 경험을 토로했다. "과찬이다. 얼굴이 화끈거리고 두렵다. 사람은 끊임없이 전진해야 한다. 어제와 오늘이 달라야 한다. 간밤에 읽은 것이 날만 새면 쓸모없는 경우가 허다했다. 오늘 읽으며 무릎을 친 내용도 내일이면 의심을 품어야 정상이다. 충분하다고 생각하는 순간 낙오자가 된다."

이런 말도 덧붙였다. "독서인은 겸손해야 한다. 건성으로 아는 사람일수록 아는 척하기 좋아한다. 독서는 공격적이어야 한다. 이해 안 되는 부분은 반복해 읽고 사색도 게을리 하지 말아야 한다. 그러다 보면 명확하지 않았던 것도 명확해지고, 책 내용 중에 뭐가 잘못됐는지를 식별할 수 있다."

독서의 좋은 점도 지적했다. "머리는 쓰면 쓸수록 잘 돌아간다. 쓰지 않으면 둔해지게 마련이다. 특히 노인들은 머리 쓸 일이 없다 보니 쉽게 치매에 걸린다." 5로는 노인이 돼서도 노인 취급을 받지 않았다. 비결은 독서였다.

린보취의 당찬 귀부인 주밍

옌안 5로 린보취는 네 번 결혼했다. 마지막 부인 주밍(朱明)은 당찬 귀부인이었다.

1956년 4월 말, 신중국 권력의 중추 중난하이에서 중앙공작자회의가 열렸다. 휴식시간, 담배를 피우던 마오쩌둥이 비서를 불러 몇

1949년 10월 1일 오후 3시,
중앙인민정부 비서장 린보취(마오쩌둥 왼쪽 안경 쓴 사람)가
주재한 개국대전(開國大典)에서 신중국을 선포하는 마오쩌둥.
오른쪽 둘째가 옌안 5로 둥비우.

마디 했다. 회의가 속개돼도 마오는 자리를 뜨지 않았다. 회의장에서 박수 소리가 요란했다. 뭔가 중요 안건을 의결했다는 의미였다. 마오는 흡족했다.

비서가 마오쩌둥에게 달려왔다. 방금 결의사항이라며 서류 한 장을 건넸다. "당 중앙위원들은 사후 화장을 원칙으로 한다. 동의하는 사람은 서명하기 바란다." 마오쩌둥은 즉석에서 '毛澤東', 세 자를 일필휘지했다. 류사오치, 펑더화이(彭德懷), 주더, 저우언라이, 둥비우, 덩샤오핑 등이 뒤를 이었다. 린보취도 당연히 서명했다. 5개월 후, 제8차 전국대표대회가 열렸다. 회의에 참석한 당·정·군 대표들은 화장 동의서에 한 명도 빠짐없이 서명했다.

4년 후, 린보취가 급서했다. 20여 일간 병상을 지키던 주밍은 남편의 서재에 들어가 나오지 않았다. 며칠 후, 당 중앙위원회에 정식으로 요구했다. "남편은 공산당 원로이긴 하지만 동맹회 회원과 국민당 당원을 두루 거쳤다. 화장을 재고해주기 바란다. 관과 묘지를 당에서 마련해주길 바란다."

중공 중앙서기처 총서기 덩샤오핑은 당황했다. 정치국 상무위원들과 머리를 맞댔다. 주밍을 설득할 방법을 논의했다. 주밍이 어떤 여자인지 누구보다 잘 아는 사람들이었다. 뾰족한 수가 나오지 않았다. 린보취의 장례를 주관하던 중앙판공청 주임 양상쿤(楊尙昆)이 류사오치와 주더가 있는 곳을 수소문했다. 두 사람은 식당에서 늦은 점심을 하고 있었다. "주밍은 소문난 귀부인이다. 우리 따위는 거들떠보지도 않는다. 정중히 예의를 갖춰 양해를 구하는 것 외에는 방법이 없다"고 건의했다.

신중국 선포 후, 모스크바에서 요양 겸
신혼여행을 즐기는 린보취(오른쪽)와 주밍.

주밍을 방문한 양상쿤은 연신 이마를 훔치며 입을 열었다. "화장은 조직의 결정입니다. 가정 문제가 아닙니다. 마오 주석이 직접 제의했고, 당 중앙위원들도 동의한다며 서명했습니다. 원로께서도 직접 서명하셨습니다. 부디 냉정한 결정을 내려주시기 바랍니다." 주밍은 고개를 끄덕였다. "지금 나는 정상적인 사고가 불가능하다. 결정을 후회할 날이 오겠지만, 어쩔 수 없다."

6월 13일, 린보취의 영결식이 열렸다. 국부 쑨원의 부인 쑹칭링이 일기를 남겼다.

> "허약한 두 손으로 유골함 받쳐 든 주밍의 모습에 억장이 무너지는 듯했다. 그의 뒤를 따르며 다리가 후들거렸다."

1년 후, 주밍은 제 손으로 삶을 마감했다. 의문투성이 죽음이었다. 유서도 남기지 않았다.

주밍은 외가에서 성장했다. 외할아버지는 청말의 대학자였다. 엄마와 이모들은 어릴 때부터 학문과 예술 세례를 흠뻑 받았다. 주밍도 날이 밝기가 무섭게 명인들의 법첩(法帖)을 임모(臨摹)하고, 가야금과 통소를 손에서 놓지 않았다. 세 살 때 당시(唐詩)를 익히고, 열두 살 때 『홍루몽』(紅樓夢)을 읽으며 밤을 지새웠다.

군벌통치 시절, 주밍의 고향 안후이 성 사람들은 군벌전쟁에 이골이 났다. 대갓집일수록 자녀들을 문밖으로 내보내지 않았다. 주밍의 엄마도 마찬가지였다. 물건도 함부로 구입하지 않았다. "엄마는 시장에 가는 법이 없었다. 하인을 보내 집으로 들고 오면 그중에서 골랐다. 유행도 따르지 않았다. 한동안 보석과 남색 비단을 좋아했다. 남색 의상이 유행하자 보기 흉하다며 못 입게 했다."

주밍은 엄마에게 혹독한 숙녀 훈련을 받았다. "밥 먹을 때 소리 내지 마라. 목소리는 가볍고 경쾌해야 한다. 소리 내서 웃지 마라. 걸을 때 사방을 두리번거리면 천박해 보인다. 살다 보면 천박해지게 마련이지만 드러낼 필요는 없다. 앉는 자세도 중요하다. 허리를 꼿꼿이 펴고 단정하게 앉아라. 달이 왜 밝고, 꽃이 왜 향기로운지를 궁금해할 줄 모르면, 귀부인 자격이 없다."

엄마 따라 난징에 갔을 때 그 유명한 연지정(胭脂井)에 간 적이 있었다. 이름 그대로 물빛이 붉었다. 엄마가 이유를 설명했다. "원래는 붉은색이 아니었다. 양(梁) 무제(武帝)가 투신하자 비빈(妃嬪)들도 뒤를 따랐다. 맑았던 물이 홍색으로 변했다." 남편이 죽으면 부인도 뒤를 따라야 한다는 의미였다.

국민당은 공산당 활동을 엄격히 진압했다. 대학생이던 주밍의 사촌 오빠들은 집에 올 때마다 "친한 친구들이 공산당원이라는 이유로 또 잡혀갔다. 모두 성적이 우수한 학생들"이라며 애석해했다. 어른들은 어른들대로 개탄했다. "청년들은 학업과 독서에 열중해야 한다. 공산당 가입은 본분을 망각한 행동이다. 공산당은 무식한 떠돌이들이 모인 무뢰배 집단이다. 린보취 같은 사람은 몇 안 된다. 국민당도 린보취는 존경한다."

집 안에만 갇혀 살던 주밍은 바깥 세상일이 궁금했다. 린보취, 처음 들어보는 이름이었다. 어떤 사람인지 한번 보고 싶었다.

생일선물로 애정을 갖고 온 주밍

중국의 20세기는 반역자들의 전성기였다. 출신 성분도 빈농, 부 잣집 자녀, 교사, 군인, 해외 유학생, 마술사, 연예인, 의사 등으로 다양했다.

1931년 가을, 일본군이 동북을 점령했다. 전국적으로 애국운동 이 벌어졌다. 궁지에 몰린 중공에게는 이런 호기가 없었다. 선전 전 문가들이 지혜를 짜냈다. 도시마다 항일 구호가 나붙고 시위가 뒤 따랐다. 구구절절, 흡입력이 대단했다. 주밍의 관심을 끌기에 충분 했다.

국·공합작이 성사되고 항일전쟁이 폭발했다. 인구 이동이 시작 됐다. 주밍도 부모를 따라 전시 수도 충칭으로 이주했다. 주밍은 호 기심이 많았다. 중공의 항일 근거지 옌안에는 어떤 사람들이 모여 있는지 궁금했다. 무조건 집을 나섰다.

검문이 엄격했다. 주밍은 시난연합대학(西南聯合大學)에 응시하 러 간다고 둘러댔다. "너는 너무 어리다. 군이나 정부기관에서 발 행한 통행증이 없으면 갈 수 없는 곳"이라며 제지당했다. 다시 집 으로 돌아왔다. 옌안 생각이 머리에서 떠나지 않았다.

국·공합작 초기, 국민당은 시안에 연락사무소를 개설하겠다는 중공의 요청을 승인했다. 중공은 린보취를 주임으로 파견했다. 전 국에서 몰려온 지식 청년들을 옌안까지 수송하는 것이 중요 임무 였다. 청년들 사이에 린보취에 관한 일화가 오르내렸다. 주밍은 린 보취가 영국 외교관에게 했다는 말을 듣고 뭉클했다. "장제스 장군 은 방향이 다르다는 이유로 우리를 소멸시키려 했다. 우리는 시종

마오쩌둥(오른쪽 둘째), 주더(왼쪽 셋째),
저우언라이(왼쪽 둘째)와 함께
미국 대통령 루스벨트의 특사
헐리(Patrik Huley) 일행과 회담을 마친 린보취(왼쪽 첫째).
1944년 가을, 옌안.

일관 국민의 이익을 대표했다. 국민의 이익을 견지하기 위해 장군과의 무력투쟁이 불가피했다." 주밍은 10년에 걸친 내전이 장제스 때문이라고 단정했다. 국민당과 장제스에게 가졌던 호감이 싹 가셔버렸다.

1938년 11월, 국민정부가 주관한 전시 전략회의가 충칭에서 열렸다. 린보취, 둥비우, 우위장 등이 중공 대표로 참석했다. 옌안행이 좌절된 지 2개월, 집 안에서 울분을 삭이던 주밍은 아버지를 찾아온 노(老)교수의 말을 엿들었다. "공산 비적 두목들이 충칭에 왔다. 대(大)지식인 린보취가 인솔자다."

린보취의 강연이 있는 날 주밍이 빠질 리 없었다. 주밍은 넋을 잃었다. 감동을 기록으로 남겼다.

"국민당 요인과 각 당파, 지방세력을 대표하는 사람, 저명한 학자들이 린보취의 말에 귀를 기울였다. 청년들은 말할 것도 없었다. 린보취는 경제와 고고(考古), 역사와 문학, 중공 관할구역인 산간닝변구(陝甘寧邊區, 중공 서북국 소재지인 산시陝西 성 북부·간쑤甘肅 성·닝샤寧夏 성의 일부로 항일전쟁 시절인 1937년부터 국민정부 직할 행정구역이 되었으며 국·공내전이 시작되자 장제스가 반란구역으로 선포했다) 및 국내외 상황을 꿰뚫고 있었다. 참석자들은 노혁명가의 학문과 수양에 경악했다. 나는 옌안에 갈 결심을 굳혔다."

친척과 친구들은 이구동성, 주밍을 말렸다. "겨울이 잔인한 곳이

결혼 직후의 주밍과 린보취.
오른쪽 첫째는 원수 허룽.

다. 의료시설과 약품이 귀하고 폐병 환자가 넘친다. 비행기도 힘든 고산준령(高山峻嶺)을 수없이 넘어야 한다." 주밍은 개의치 않았다. "린보취가 견딘 고통을 나라고 극복 못 할 이유가 없다."

이듬해 봄, 옌안에 도착한 주밍은 여성간부 양성기관인 옌안여자대학에 입학했다. 황토 고원과 녹색을 뽐내는 수목, 붉은 단풍, 모두가 신선했다. 린보취를 만날 기회는 없었다.

주밍은 글 한 편으로 주목받았다. '원래의 계급에서 해방되기까지' 자신의 신분과 가정을 배반하는 대담한 내용이었다. 하루는 한 교사가 주밍을 불렀다. "린보취가 너를 만나고 싶어 한다." 충칭의 강연장에서 린보취를 본 지 5년 만이었다.

린보취는 토굴로 찾아온 주밍을 보자 어처구니없는 표정을 지었다. 나이부터 물었다. "스물다섯입니다." 린보취는 당에서 추진 중인 정풍운동에 관한 의견을 물었다. 주밍은 솔직했다. "나의 모든 문제에 관한 인식은 선생님에게서 출발했습니다. 당의 관점에서 출발한 적이 없습니다. 자신을 개조하겠다는 생각도 선생님의 글을 읽은 후에 했습니다. 당의 요구는 제게 영향을 미치지 못했습니다." 린보취는 당황했다. "나는 너를 혁명으로 인도한 교량에 불과하다. 당과의 관계를 공고히 해라. 그러지 못하면 모든 게 의미가 없다." 마지막으로 한마디 덧붙였다. "장칭처럼 독서를 게을리 하지 마라." 주밍의 얼굴이 새빨개졌다. "저를 장칭 따위와 비교하지 마십시오. 장칭이 어떤 여자인지 잘 압니다."

항일전쟁 승리 5개월 전, 린보취의 60세 생일잔치가 성대하게 열렸다. 마오쩌둥, 주더, 저우언라이는 연명으로 '학발동안(鶴髮童

顔, 흰 머리 아이 얼굴로 신선을 뜻함) 노당익장(老當益壯, 늙을수록 기력이 좋아짐)' 여덟 글자를 선물했다. 린보춰의 답사는 간결했다. "나는 한 명의 전사(戰士)일 뿐, 쓸모 있는 노병(老兵)이 소원이다."

그날 밤, 주밍은 제 발로 린보춰의 토굴을 찾아갔다. 제지하는 경호원에게 일갈했다. "은사이며 인도자인 분에게 생일선물을 갖고 왔다." 린보춰 앞에서도 당당했다. "저의 애정을 선물하러 왔습니다."

날이 밝자 소문이 퍼졌다. 저우언라이와 차를 마시던 마오쩌둥이 싱겁게 웃으며 입을 열었다. "역시 우리의 모범이 되는 사람이다. 최고의 생일선물을 받았다. 빨리 결혼시킬 준비나 해라."

60세 생일날, 린보춰는 주밍의 예물을 마다하지 않았다. 며칠 후, 26세 신부와 60세 신랑의 결혼식이 열렸다. 마오쩌둥이 소감을 물었다. 린보춰는 자작시 한 편으로 대신했다. 마지막 구절에 다들 환호했다. "봄바람 타고 새 한 마리가 품 안으로 들어왔다."

장칭의 비밀을 폭로한 주밍

당시 린보춰의 공식 직함은 중공 관할구역인 산간닝변구 주석이었다. 당 중앙위원회는 주밍의 일자리 마련에 분주했다. 부주석 저우언라이가 한마디 거들었다. "주밍은 재능과 능력을 겸비했다. 선전 공작이 적합하다." 지하 공작자가 아니면 부부는 떨어져 살 때였다. 신혼 생활을 마친 린보춰와 주밍은 각자 갈 곳으로 떠났다.

1947년 봄, 후쭝난이 지휘하는 국민당군 25만 명이 산간닝변구 중심지 옌안을 맹공했다. 중공은 서북야전군을 조직해 대응했다.

산간닝변구 주석 시절,
중공 서북야전군 간부들과 함께한 린보취(앞줄 오른쪽 넷째).
앞줄 오른쪽 첫째가 시진핑(習近平)의 부친 시중쉰(習仲勛)이다.
1948년 봄, 산베이.

스탈린 사망 후 마오쩌둥(오른쪽 셋째),
주더(왼쪽 첫째)와 함께
추도회를 주재하는 린보취(맨 오른쪽).
1953년 3월 9일, 베이징.

평더화이를 사령관 겸 정치위원, 시중쉰을 부정치위원에 임명했다. 3만에 불과한 서북야전군은 연전연승했다.

변구 주석 린보취는 치질이 심했다. 야전군 지휘는커녕, 피와 분비물이 눌어붙은 침상에서 온몸을 뒤척거렸다. 보다 못한 시중쉰이 "주밍을 보내달라"고 중앙위원회에 제의했다. 서북에 온 주밍은 린보취의 엉덩이와 씨름했다. 효과가 있었다.

마오쩌둥의 부인 장칭은 남편 병구완으로 수척해진 주밍을 볼 때마다 눈살을 찌푸리며 코를 킁킁거렸다. 주밍은 주밍대로 장칭을 무시했다. 경이원지(敬而遠之)했다.

주밍은 남편에 대한 자부심이 강했다. "1920년대 초, 각지에 공산주의 조직이 출범할 때, 후난에는 마오쩌둥이 있었고, 상하이에는 린보취가 있었다. 중공이 공식 성립된 후, 공산당원 신분으로 국·공합작에 참여해 요직을 맡은 사람은 린보취와 마오쩌둥뿐이었다. 국민당 제2차 전국대표대회에서 린보취가 중앙위원으로 선출될 때 마오쩌둥은 후보 중앙위원이었다."

신중국 성립 후, 린보취는 중앙비서장에 취임했다. 당 주석과 부주석, 중앙정부와 지방정부를 연결하는 중추신경이나 다름없는 자리였다. 주밍은 늙은 남편을 극진히 챙기고, 아랫사람들도 잘 보살폈다. 1953년 겨울은 유난히 추웠다. 남방 출신 마오쩌둥은 추위를 잘 탔다. 장칭과 함께 항저우에서 겨울을 보냈다. 마오가 베이징으로 돌아간 후에도 장칭은 항저우를 떠나지 않았다. 이듬해 3월 하순, 장칭은 익명의 편지를 받았다. 발신지가 상하이였다. 1930년대 상하이 시절 장칭의 사생활과 국민당 정보기관에 체포됐다 풀려난 일들이 구체적으로 적혀 있었다. 장칭은 자신의 과거와 당 상층부 일을 상세히 아는 당 고위 간부나 문화계 인물 또는 그 부인 중 한 사람이라고 단정했다. 상하이 시(市) 공안국에 조사를 의뢰했다. 결과가 신통치 않았다.

베이징으로 달려온 장칭은 마오쩌둥에게 편지를 내보였다. 꼼꼼히 읽어본 마오의 반응은 의외였다. "모두 사실이다. 역사는 바꿀 수 없다." 장칭은 울화가 치밀었다. 마오에게 대들다시피 말했다. "이건 나를 겨냥한 게 아니다. 결국은 주석을 흠집 내기 위한 거다." 마오의 귀가 쫑긋했다. 장칭의 말도 일리가 있다는 생각이 들었다. 공안부장을 호출했다. 편지를 건네며 작성자를 색출하라고 지시했다. 장칭도 팔짱만 끼고 있지 않았다. "상하이의 지하 공작자 출신과 문화 예술가들을 이 잡듯 뒤지면 된다."

상하이에 내려온 공안부장은 회의를 소집했다. "상하이 쪽은 시 공안국에서 책임져라. 나는 저장 성을 책임지겠다." 800여 명의 필적을 수집해 감정에 착수했다. 결과는 오리무중, 발신자 확인은 수포로 돌아갔다. 장칭은 이 기회에 평소 눈엣가시였던 사람들을 궁지로 몰아넣었다. 영문도 모른 채 공안기관에 끌려가는 간부들이 줄을 이었다. 장칭의 상하이 시절 동료들도 된서리를 맞았다.

1961년 5월, 린보취가 세상을 떠났다. 장례를 마친 주밍은 남편의 수장품을 혁명박물관에 기증하고 베이징을 떠났다. 항저우에 터를 잡고 린보취의 시와 서간·유고를 정리했다. 완성될 즈음 당중앙위원회에 편지를 보냈다. "동의하면 남편의 문집을 출간하고 싶다. 비용은 자비로 해결하겠다. 동의하지 않아도 상관없다." 회신이 올 때까지 주밍은 영화와 춤, 쇼핑으로 소일했다.

하루는 저장 성 공안국장이 주밍을 방문했다. 편지 두 통을 내놓고 확인을 요청했다. 필체가 똑같았다. 주밍은 7년 전 장칭에게 편지를 보낸 사실을 인정했다. 그날 밤, 다량의 수면제를 복용하고 세상을 떠났다.

문혁 시절, 4인방(四人帮)은 주밍을 반혁명분자로 몰았다. 린보취에 관해서도 온갖 흉측한 소문을 퍼뜨렸다. 4인방 몰락 후 중공은 주밍의 명예를 회복시켰다. "장칭에게 보낸 편지 내용은 모두 사실이다. 반혁명분자로 몬 것은 모함이다." 린보취의 문집과 평전도 그제야 햇빛을 봤다.

부유한 나라, 강한 군대 5

"인재(人才)는 국가의 보물이다.
인재가 흥(興)해야
국격이 상승하고,
기업도 화색이 돈다."

두 개의 고궁박물원

"환관과 궁녀들도 보물창고를 털기 시작했다.
위아래 할 것 없이 정권 막판에 하는 전형적인 행동이었다."

18년간 피란 다닌 국보들

1925년 10월 10일 오후 2시, 고궁박물원(故宮博物院) 선포식이 베이징 고궁의 건청문(乾淸門) 광장에서 열렸다. 첫날, 1만여 명이 몰려 북새통을 이뤘다. 휴일인 까닭도 있었지만 개관 기념으로 입장료를 받지 않았기 때문이다. 진열된 유물에는 눈길 한 번 주지 않고 양손에 든 음식물을 번갈아 먹으며 뒷사람에게 밀려 한 바퀴 돌고 나오는 사람이 대다수였다.

2년간 네 차례 개조를 단행해야 할 정도로 모든 게 산만했다. 원장 이페이지(易培基)에게 체포령이 내려지는 등 초창기부터 조용할 날이 없었다. 그때마다 존폐의 위기를 넘겼다. 고궁의 유물들을 경매에 부치자는 국부(國府)위원 징헝이(經亨頤)의 주장이 힘을 얻은 적도 있었다. 이왕 만든 거 그대로 두자는 결론이 나기까지 155차례 회의와 토론을 거쳐야 했다.

고궁박물원이 정부의 정식 기구가 된 것은 북벌이 완전히 성공한 후였다. 1930년 10월, 이페이지 원장은 북벌군 총사령관 장제스를 이사로 초빙했다. 장제스가 수락하자 이사회 명의로 '완정고

궁보관안'(完整故宮保管案)을 행정원에 제출했다. 장제스의 이름이 맨 앞에 있었다. 당일로 행정원 비준을 받았다. 청 황실이 소유했던 모든 문물을 고궁박물원에 합병해야 한다는 의견에도 행정원은 "좋은 생각"이라며 무조건 동의했다. 각지에 흩어진 유물들이 고궁박물원으로 집결됐다.

1914년에 내정부가 선양(瀋陽) 고궁(故宮)과 열하(熱河) 행궁(行宮)의 진귀한 문물을 모아 고궁의 문화전(文華殿)·무영전(武英殿)에 설치한 '고물진열소'(古物陳列所)의 수장품 20여만 점이 포함됐다. 여기에 중화문(中華門) 이북의 경산(景山)·태묘(太廟) 등 건축물도 고궁박물원에 합병됐다. 소장품 170여만 점 중 85퍼센트가 청 황실 수장품이었다. 징헝이의 조카도 입장권 판매원으로 특채됐다. 그는 혼자 근무했다.

1931년 9월, 일본 관동군이 동북 3성을 침략했다. 전화(戰禍)가 베이징에 들이닥치는 것은 시간문제였다. 안전한 지역으로 옮길 준비를 시작했다. 크고 작은 낡은 나무상자를 구입해 파손 위험이 적은 서적부터 포장했다. 파손되기 쉬운 유물들은 새로 상자를 짜 넣었다. 15개월간 1만 3,491개 상자를 포장해 상하이를 거쳐 수도 난징으로 운반했다. 전체 유물의 22퍼센트였다. 정부는 나머지 유물들도 보내라고 재촉했다. 그러나 신임 원장 마헝(馬衡)은 목록만 대충 만들어 보내고 늑장을 부렸다. 추가로 한 상자도 보내지 않았다.

1937년 여름, 루거우차오 사변과 상하이 사변이 연이어 발생했다. 난징에 와 있던 유물들을 여러 지역으로 분산시켰다. 차량 한 대에 20상자밖에 싣지 못했다. 일부는 난징에 방치하는 수밖에 없었다. 경보가 울리고 포성이 들려도 이동을 멈추지 않았다. 창사에서는 기차역이 폭격당하는 바람에 인근 호텔에서 결혼식을 하던 신랑신부와 하객 전원이 폭사했지만 유물은 무사했고, 예정된 행로를 변경하는 바람에 지진 발생 지역을 피할 수 있었다. 최종 집결지는 쓰촨 성 어메이산(峨眉山) 등 여섯 곳이었다. 모두가 불교 성지였다.

언제 끝날지 모르는 전쟁이다 보니 민심이 흉흉하고 사방에 도둑이 들끓었다. 군인과 비적을 분간하기도 힘들었다. 허름한 민가와 빈 창고를 전전하며 아무 탈 없이 목적지에 도착한 것 자체가 기적이었다. 포성이 난무하고 진흙탕에 빠진 차량들이 허우적거릴 때마다 유물 운반원들은 정성껏 포장한 불상을 한 차에 한 구씩 모시며 "부처님을 모시고 가기 때문에 무슨 일이 생겨도 두려워하거나 긴장할 필요가 없다"는 원장의 말을 되새겼다.

전쟁이 끝나자 유물을 충칭으로 옮겼고, 1947년 5월 다시 수도 난징으로 옮기기 시작했다. 6개월에 걸친 이전 작업이 끝나자 국·공내전이 심상치 않았다. 1948년 12월 22일, 320상자의 유물을 실은 해군 함정이 난징 항(港)을 출발했다. 1949년 1월 6일과 29일에도 1,680상자와 927상자의 유물이 난징 항을 빠져나갔다. 18년 전 고궁을 떠난 유물 중 4분의 1이었다. 불상·서화·청동기·옥기·석고문·공예품 등이 1,434상자였고, 1,538상자는 도서와 고문헌이었다.

1965년, 타이베이에 베이징 고궁의 건축 양식을 모방한 고궁박물원이 탄생했다. 중국인은 두 개의 고궁박물원을 갖게 됐다.

시캉 성 주석 시절, 개간위원회 주임 자격으로 부인과 함께
비행장 활주로 건설 현장을 시찰하는 류원후이(오른쪽 둘째).

가벼운 '명품'은 타이베이에, 무거운 '국보'는 베이징에

수십 년간 타이베이 고궁박물원은 관광객들의 필수 코스였다. 변 두리 표구사(表具師) 한 번 가본 적 없는 사람들도 한 바퀴 돌고 나 서 "중국의 진짜 보물들은 모두 이곳에 있다"는 말을 거침없이 하 곤 했다. 중국인들도 예외가 아니다. "실물을 볼 수 없기 때문에 타 이베이 고궁박물원의 기관지 『고궁문물』(故宮文物)을 본다"는 중 국인들과 "타이완에 고궁박물원이 있는 한 중국은 절대 무력을 행 사할 수 없다"고 말하는 타이완인이 많았다. "타이베이에는 유물 은 있지만 고궁이 없고, 베이징에는 고궁은 있지만 유물이 없다"는 말은 상식이었다.

베이징 고궁박물원은 고궁의 맨 뒤쪽이 정문이다. 고궁 관람객 들도 유물을 전시해놓은 박물관을 들르는 경우가 별로 없다. 가본 사람들도 시계 외에는 볼 게 없다고들 한다. 그러나 타이베이 고궁 박물원과 비교해 어느 곳에 유물과 명품이 더 많을까 하는 궁금증 을 불러일으키게 하는 박물관이다.

베이징 고궁은 15만여 점의 서화를 소장하고 있다. 세계의 공공 박물관이 소장한 중국 고대 서화의 약 4분의 1에 해당하는 양이다. 타이베이 고궁은 소장한 서화 9,120점 중 5,425점이 베이징 고궁 소장품들이었다. 송대(宋代) 이전의 회화는 타이베이 고궁이 베이 징 고궁을 압도한다. 운반하기가 수월했기 때문이다. 송대의 문인 화 943점이 그 안에 들어 있다. 한 작품 앞에 온종일 서 있어도 지 루하지 않은 명품 중의 명품들이다. 베이징 고궁은 원대(元代) 이 전의 서화 730여 점 외에 판화·유화·유리화, 당(唐)·송·원대의 벽화, 명·청대의 대형 서화 등을 소장하고 있다. 부피 때문에 이전이 불가능했다.

도자기의 경우, 베이징 고궁은 35만여 점을 소장하고 있다. 1,100여 점이 명품에 속한다. 타이베이 고궁의 소장품 2만 5,248점은 모두 청 황실의 소장품이다. 송·명대의 명품과 청대의 법랑·채도(彩陶)의 절대 다수가 포함돼 있다. 그러나 신석기시대의 채도와 삼국(三國)·위진남북조(魏晉南北朝)의 자기는 베이징 쪽이 우세한 편이다. 청동기는 현재 남아 있는 15만여 점 중 10퍼센트 이상을 베이징 고궁이 소장하고 있다. 타이베이에는 5,615점이 있다.

베이징은 선진(先秦)시대의 청동기 1만여 점을 소장하고 있지만 산씨반(散氏盤), 모공정(毛公鼎) 등 역사적 명품은 타이베이에 있다. 공예품은 베이징의 소장품이 타이베이의 배 이상을 웃돈다. 전국(戰國)시대의 옥기들이 세상 밖으로 나왔고 무게 1만 근을 넘는 옥산(玉山)과 수천 근짜리 옥 덩어리들을 소장하고 있기 때문이다. 황제의 교통수단이었던 노부(鹵簿)와 청대의 옥새를 비롯해 황제의 용포와 황후의 관복, 천문의기(天文儀器)와 시계 등도 모두 베이징 고궁에 있다.

도서와 전적의 경우, 송·원·명대의 판본을 보려면 타이베이 고궁에 가야 한다. 장정과 활자가 아름답고 시원한 송·원대의 판본은 현재 베이징 고궁에 거의 없다고 봐도 된다. 모두 국가도서관으로 옮겼기 때문이다. 문연각(文淵閣) 사고전서(四庫全書)도 타이베이에 있다.

재미있는 일화가 있다. 어느 왕조를 막론하고 황실은 문물을 소

1971년 7월 5일, 새로운 모습으로 개관한
베이징 고궁박물원.
하루 평균 관람객이 4만여 명이었다.

장하는 전통이 있었다. 어느 왕조가 멸망하면 소장했던 문물도 신왕조 소유였다. 혁명으로 퇴위한 후에도 황제 칭호를 사용하며 고궁에 살던 청나라 마지막 황제 푸이(溥儀)는 황실 소유의 문물들이 중화민국의 소유가 되리라는 것을 알고 있었다. 영국 유학을 꿈꾸던 푸이는 돈이 필요했다. 처음에는 고서화들을 외국 은행에 저당잡혔다. 점점 간이 커지자 친동생과 처남에게 대대로 내려오던 보물들을 시도 때도 없이 하사해 밖으로 빼돌리거나 비밀리에 여섯 차례에 걸쳐 외부로 옮겨놓았다. 왕희지(王羲之) 부자의 진적(眞迹)과 사마광(司馬光)의 『자치통감』(資治通鑑) 원고, 장택단(張擇端)의 「청명상하도」(淸明上下圖)를 비롯해 염입본(閻立本), 송(宋) 휘종(徽宗) 등의 작품이 포함된 보물들이었다.

환관과 궁녀들도 보물창고를 털기 시작했다. 푸이가 눈치채자 창고에 불 질러 증거를 인멸했다. 위아래 할 것 없이 정권 막판에 하는 전형적인 행동이었다. 국보 1,700여 점을 푸이는 가는 곳마다 끼고 다녔다. 중화인민공화국 수립 후 고스란히 국가에 헌납하는 바람에 지금은 베이징 고궁에 수장돼 있다. 푸이가 빼돌리지 않았다면 타이베이 고궁에 진열돼 있을 유물들이었다. 양안 고궁박물원의 소장품을 비교하는 것은 부질없는 짓일지도 모른다. 베이징 고궁의 한 부분이 타이베이 고궁이기 때문이다.

인재의 조건

"간부들이 예의와 염치를 모르면 나라가 아니다."

'치국治國은 곧 치리治吏' 믿은 마오쩌둥

인재(人才)는 국가의 보물이다. 인재가 홍(興)해야 국격이 상승하고, 기업도 화색이 돈다. 2012년 9월 19일, 중공 중앙조직부는 11개 부서와 연합으로 국가고급인력특수지원(國家高層次人才特殊支持) 10개년 계획을 발표했다. "10년간 자연과학, 공정기술, 철학, 사회과학 분야의 걸출한 인재와 군을 이끌 인재 1만 명을 발굴하고 지원한다."

중국은 일찍부터 인재 발굴·양성을 통치자의 기본의무로 여겼다. 성공한 왕조는 중국문화의 저변을 확대시켰고 실패한 왕조의 통치자들은 야만인 취급을 받았다. 중공도 예외가 아니었다.

중공 초기 당원들은 거의가 지식인이었다. 도시를 포기하고 농촌을 전전하면서 빈농 출신이 늘어났다. 간부 선발 기준도 단순해졌다. 전쟁에서 용감한 농민들이 빨리 승진했다. 평판까지 좋으면 금상첨화였다. 중견 간부들 대부분이 문맹일 수밖에 없었다.

당 지도부는 당원들의 문화수준을 향상시키기 위해 기를 썼다. 야학과 훈련반을 개설하고 장시 성 루이진(瑞金)에 '마르크스공산주의학교'(중앙당교의 전신)까지 설립했다.

마오쩌둥은 최고 지도자감으로 손색없었다. "간부 교육이 전쟁보다 중요하다"며 간부들에게 독서를 장려하고 몸소 시범을 보였다. 틈만 나면 사방이 노출된 바위에 앉아 책을 읽고 문건을 정리했다. 주변에서 위험하다고 말려도 듣지 않았다. "밥 먹다 죽은 사람은 봤어도 책 읽다 죽은 사람은 못 봤다."

1937년, 국·공합작으로 항일전쟁이 시작되자 중공 근거지 옌안은 거대한 교육장으로 변했다. 마오쩌둥은 '간부 교육 제일주의'를 내걸고 간부교육부를 신설했다. 매년 5월 5일, 마르크스 생일을 '간부학습일'로 정하고 모범생에겐 상도 줬다. 팔로군 총사령관 주더는 개근상을 받았고 조직부장 천윈(陳雲)은 틈새교육(擠時間學習)을 개발한 공으로 표창장과 찐빵 9개를 받았다. 순식간에 간부 배양학교 32개가 문을 열었다.

정권을 잡자 잔칫상 받은 거지처럼 행동한 간부가 나타났다. 1951년 11월 30일, 마오쩌둥은 국고를 도둑질한 고급간부 2명의 총살형을 인준했다. "혁명에 기여한 공로를 참작해야 한다. 사형은 가혹하다"는 의견이 제기되자 직접 설득에 나섰다. "두 사람은 지위가 높다. 그간 많은 공을 세웠고 영향력도 크다. 이들을 처형하지 않으면, 수많은 간부가 잘못에 빠지는 것을 막을 방법이 없다"며 "치국(治國)은 별게 아니다. 치리(治吏), 관리를 제대로 선발하고 다스리는 것이 치국"이라는 『자치통감』의 한 구절을 읽고 또 읽으라고 권했다. 이어서 "간부들이 예의와 염치를 모르면 나라가 아니다. 비적 집단과 다를 바 없다. 간부 선발에 엄격해야 한다"고 일

"정말 아는 게 많고 이해력이 뛰어난 사람"이라고
마오쩌둥이 칭찬한 천윈.

갈했다. 60년 전 일이지만, 당시를 떠올리는 중국인이 많다. "두 사람의 목숨이 적어도 20년간 간부들의 부패를 근절시켰다."

집권 초기, 마오쩌둥은 "누구의 지도를 받고 싶은지" 개인이 당 조직에 추천하라고 권한 적이 있었다. 다수의 추천을 받은 사람들이 요직에 기용됐다. 하나같이 신망이 두터운 사람들이었다. 마오는 괜히 쓸데없는 짓을 했다고 후회했다. 신망과 능력은 별개였다. 취할 바가 못 됐다. 신망을 한 몸에 받는 현 서기의 재임기간에 산천이 의구하기는 지금도 마찬가지다.

중공은 간부 선발 기준을 정했다. "정치와 행정은 대립과 통일이 병존한다. 정치 타령이나 해대며 업무능력 없는 간부는 쓸모가 없다. 동지들은 공업, 농업, 상업, 문화, 교육에 관한 전문지식과 응용 방법을 익히도록 해라. 10년이면 된다. 재(才)와 덕(德)을 겸비하지 않은 간부는 역사적 임무를 완수할 수 없다." 전쟁밖에 모르던 기존 간부들은 공황상태에 빠졌다. 혁명시대에 하던 방법들은 더 이상 통할 구석이 없었다.

1956년, 중공 제8차 전국대표대회에서 천원과 덩샤오핑이 중앙 정치국 상무위원에 선출됐다. 마오쩌둥이 발탁 이유를 설명했다. "천원은 노동자 출신이다. 매사에 비교적 공정하고 유능하다. 믿음 직스럽고 나름대로 안목이 있다. 겉으로는 온화해 보이지만 요점을 꿰뚫어 볼 줄 안다. 덩샤오핑은 정의롭고 후덕하다. 그 정도면 재간도 있고 능수능란하다. 남들에 비해 대국(大局)을 보는 눈이 있고 문제가 발생하면 비교적 공정하게 처리하는 편이다."

마오의 두 사람에 대한 평가는 간부 선발 조건의 경전으로 자리 잡았다.

중공 간부 선발 잣대는 혁명화 · 청년화 · 지식화 · 전문화

청년 시절, 천원은 지혜로운 노동운동가였다. 1925년 가을, 21세 때 중국 최대 출판기구였던 상무인서관의 파업을 주도한 적이 있었다. 다들 성공한 파업이라며 환희에 들떴다. 본인은 "회사가 잘되는 것이 파업보다 중요한 것 같다"며 후회했다. 마오쩌둥에게 "자본주의와의 거리가 50미터밖에 안 되는 무산계급 혁명가"라는 소리를 들어도 굽히지 않았다.

신중국 성립 초기, 마오쩌둥은 천원의 의견을 존중했다. 공개석상에서 "천원 동지가 한 말들을 새겨듣기 바란다"며 보충 설명을 하는가 하면 "천원 부총리의 주장대로 선전과 간부 교육을 강화하라"고 지시한 적도 있었다. 그것도 한두 번이 아니었다. 개성 강한 마오쩌둥이 이런 경우는 극히 드물었다.

1956년 새해 벽두, 중공은 50여 개 도시의 자본주의 공 · 상업을 대상으로 공사합영(公私合營)을 단행했다. 2년 후, 농촌에서도 인민공사운동을 전개하며 농업생산 집체화를 실시했다. 수천 년 동안 사유재산제도를 당연시하던 민족이다 보니 실시하기가 무섭게 문제점들이 드러났다. "기업이 잘되건 말건 매달 받는 돈은 그게 그거다. 손님이 적어야 편하다. 논밭에서 열심히 일해도 소용없다. 밥 세 끼 먹을 뿐 내 손에 들어오는 건 아무것도 없다."

농업생산력 저하는 물론이고 베이징 명물이던 둥라이순(東來順)의 양고기와 취안쥐더(全聚德)의 오리구이 맛도 예전 같지 않았다.

항일전쟁이 한창이던 1943년 겨울,
중공의 항일 근거지였던 옌안의 생산전람회에 참석한
마오쩌둥(오른쪽)과 천윈.

먹는 것을 가장 중요하게 여기던 마오쩌둥이 가장 먼저 찾은 사람은 천원이었다. 두 사람이 머리를 맞대고 무슨 묘안을 짜냈는지는 알 수 없지만, 천원이 직접 나서는 바람에 두 전통음식점의 맛이 예전으로 되돌아왔다고 한다.

1962년에 열린 '7,000인 대회'에서도 마오쩌둥은 "정말 아는 게 많고 이해력이 뛰어난 사람"이라며 천원을 칭찬했지만 이내 실망했다. 가는 게 있으면 오는 게 있어야 하는 법이지만 천원은 끝내 맞장구를 치지 않았다. 대회를 마친 마오가 2선으로 물러서겠다며 남쪽으로 내려가자 천원은 당 부주석 자격으로 확대회의를 소집해 불만을 토로했다. "다른 목적이 있었다면 몰라도, 모든 걸 너무 빨리 얻으려고만 했다. 준비를 철저히 하지 않았다." 마오의 심기가 편할 리 없었다.

천원은 간덩이가 큰 사람이었다. 마오쩌둥에게 인민공사 해체를 건의하는 서신을 보냈다. 편지를 열 번도 더 읽은 마오는 한밤중에 천원을 호출했다. 천원을 붙잡고 한 시간 넘게 티격태격했다. 날이 밝자 비서들 앞에서 "농촌 집체경제를 와해시키고 인민공사를 해체시키려는 중국식 수정주의자"라며 천원 욕을 한바탕 쏟아붓고 나서야 잠자리에 들었다.

마오쩌둥이 진노했다는 소식을 듣는 순간 천원은 '아차' 했다. 어찌나 놀랐던지 심장에 이상이 생겼다. 병 치료를 이유로 장기 휴가를 청했다. 마오도 군말 없이 허락했다. 천원은 두문불출, 침묵으로 일관했다. 정책 결정과 담을 쌓고 은인자중한 덕분에 문혁 시절도 그럭저럭 넘겼다.

1976년 9월 9일 중양절(重陽節), 마오쩌둥이 세상을 떠났다. 린 뱌오 사후 중국을 주름잡던 4인방도 몰락했다. 문혁도 흐지부지 막을 내렸다.

2년 후인 1978년 12월 18일부터 22일까지 열린 중공 제11차 전국대표대회 중앙위원회 제3차 전체회의(三中全會)에서 덩샤오핑은 개혁·개방을 선포했다. 천윈도 중앙정치국 상무위원, 당 부주석, 중앙기율검사위원회 서기를 겸하며 정계에 복귀했다. 74세 때였다.

개혁·개방 초기 중국은 인력(人力), 재력(財力), 물자(物資), 모든 게 공백상태였다. 혁명 1세대가 키워낸 간부들은 너무 늙었고, 젊은 층 중에선 쓸 만한 인재가 없었다. 천윈은 청황부접(靑黃不接), "묵은 곡식은 다 떨어지고, 햇곡식은 수확되지 않았다"며 '혁명화·청년화·지식화·전문화' 네 가지를 청년간부 선발 기준으로 제안했다. 덩샤오핑도 동의했다.

기준을 잡고 나니 사람 찾기는 수월했다. 4년 후에 열린 제12차 전국대표대회에 젊은 간부들이 중앙위원회에 진입했다. 후일 중국 최고지도자가 된 장쩌민(江澤民)과 후진타오도 영문 모른 채 중앙위원에 선출됐다. 당시 후진타오는 39세, 중앙위원 중 가장 나이가 어렸다.

중국 철도의 아버지

"각자 배운 것과 아는 것을 다 내놔라.
국가의 부강을 위해 사용하자."

이홍장, 서태후 호기심 위에 '철도시대'를 놓다

1863년, 상하이에 와 있던 서양 상인들이 장쑤 순무 이홍장에게 쑤저우에서 상하이까지 철도를 놓자고 제의했다. 그는 외국인이 내지의 영토를 사용하는 것은 국가에 이로울 게 없다고 판단했다. 철도 연변에 조상의 분묘가 있는 지주들의 반발을 감당할 수 없다며 대청률(大淸律) 중 '무덤을 파헤친 자는 사형'이라는 조문을 들이댔다. 양인들은 입을 다물었다.

2년 후, 한 영국인이 베이징 외성 밖에 철로를 400미터 깔고, 왜소하고 낡아빠진 증기기관차를 한 대 운행했다. 시커먼 괴물이 진한 연기를 내뿜고 불을 토하더니 작은 방 한 칸을 끌고 두 줄 나란히 있는 쇳덩어리 위를 나는 듯이 달렸다. 구경꾼들은 넋을 잃었다. 정부는 "제국의 근간이 동요될 우려가 있다"며 철거를 명했다.

11년이 흘렀다. 아편무역으로 떼돈을 번 영국의 이화양행(怡和洋行, 영국이 광둥에 설립한 무역회사)이 상하이에서 우쑹(吳淞)까지 14킬로미터를 수축(修築)했다. 열차가 영국에서 처음 모습을 드

이홍장(가운데)이 석탄 운반 열차 개통식에 참석하고 있다.
1880년, 탕산(唐山).

러낸 지 46년 만이었다. 철로라는 말 대신 '심상마로'(尋常馬路)라는 평범한 용어를 썼다. 중국인에게 철(鐵)은 전쟁과 폭력을 의미했다.

새로운 것은 즐거움을 안겨줄 수 있어야 하지만 열차는 그렇지 못했다. 석탄을 삼키고 씩씩거리며 달리는 괴물이었다. 흉악한 모습에 가끔 괴성까지 질러댔다. 조정은 '주권침해'라고 단정했다. 사대부들도 전통질서를 파괴할 물건이라며 격노했다. 일반 백성은 농지를 훼손하고 풍수에 장애를 일으킨다고 굳게 믿었다. 조상의 망령이 놀라면 자손에게 무슨 재앙이 닥칠지 몰랐다. 중국인 한 사람이 깔려 죽고서야 해결책이 나왔다. 상하이 법정은 이명상명(以命償命, 목숨으로 목숨을 보상하는 것)을 적용해 기관사를 사형에 처했다. 정부는 이화양행과 교섭에 나섰다. 은 28만 냥을 주고 통째로 사들였다. 실제 지불액은 26만 5,000냥이었다. 그 와중에도 1만 5,000냥을 도둑질한 공직자가 있었다. 철로는 뜯어내고 기관차와 객차는 부숴버렸다. 몇 년간 잠잠했다.

타이완 순무 유명전(劉銘傳)은 겁이 없는 사람이었다. 조정에 철도 건설을 건의했다. 반대가 거셌다. 특히 초대 독일공사로 부임해 서양문명을 골고루 체험한 유석홍(劉錫鴻)은 "양인은 천주와 예수는 섬길 줄 알아도 산천의 신에 대해서는 아는 게 없다. 중국인은 오랫동안 명산대천에 제사를 모셔왔다. 상서롭지 못한 일을 초래할 수 있다"에서 시작해 "기차를 타고 다니다 보면 천 리 길도 이웃과 다를 바 없다. 쓸데없이 친척과 친구들을 만나러 다니고 결국은 향락의 수단이 된다. 연도에 음식점과 숙박업이 성행하고 토산물

거래가 늘어나 생활에 이익을 주기도 하지만, 자연을 감상하는 심미안이 저하된다"고 주장했다. 이를 지지하는 사람이 많았다.

한때 철도 건설을 반대했던 이홍장이 이번에는 유명전의 제안을 지지했다. 이때 이홍장은 직례총독 겸 북양통상사무대신으로 외교·군사·경제에 관한 권한을 장악하고 있었다. 게다가 서구의 선진 과학기술을 도입해 왕조의 명맥을 유지하려 했던 양무파(洋務派)의 영수였다.

워낙 시끄럽다 보니 서태후도 조금씩 관심을 갖기 시작했다. 꾀가 많은 이홍장은 서태후의 호기심을 오락과 적절히 조화시켰다. 해군 자금을 유용해 중난하이에서 베이하이(北海)까지 철로를 설치했다. 이홍장은 독일에서 객차 여섯 량을 들여왔다. 내부는 초호화판이었다. 기관차는 프랑스 상인이 기증했다.

서태후는 가끔 열차에 황제와 왕공 귀족들을 태우고 궁궐을 한 바퀴 돌며 즐거워했다. 점심 먹고 낮잠 자러 갈 때 주로 이용했다. 재미가 있는 곳에 문제가 없을 수 없었다. 한 번 타고 나면 소음 때문에 정신이 하나도 없었고 기관사가 앞쪽에 앉아 있는 것도 불쾌했다. 기관차는 치워버리고 궁중 내시들이 객차에 밧줄을 연결해서 끌고 다녔다. 진풍경을 연출했지만 철도 건설은 탄력을 받기 시작했다.

중국 전통 공법으로 '민족철도' 뚫은 유학파 엔지니어

1895년, 청일전쟁에서 중국은 패했다. 대놓고 중국을 깔보기 시작한 일본과 서구 열강은 철도 건설과 경영권을 놓고 쟁탈전을 벌였다. 중국은 안중에도 없었다. 러시아는 시베리아철도를 헤이룽(黑龍)·지린(吉林) 두 성까지 연결한 후 지선을 다롄(大連)으로 확장했고, 영국은 광저우에서 주룽(九龍)까지를 포함한 5개 구간의 수축권(修築權)을 요구했다. 프랑스도 베트남에서 윈난까지, 일본은 랴오닝(遼寧) 성 신민(新民)에서 선양을 거쳐 단둥(丹東)까지 철도권을 장악했다. 너 나 없이 철도 건설에 광분했다. "부자가 되려면 철로를 깔아라" "기적 한 번에 황금 만 냥"이라는 말이 나돌 정도였다. 조정 권신들도 철도가 국민경제에 미치는 중요성을 깨달았다. 권익을 약탈당할지 모른다는 위기감과 스스로 철도를 건설해야 한다는 조급함이 팽배했다.

북양군정집단의 영수 위안스카이가 철로대신을 겸직하면서 민족철도 건설이 본격화되기 시작했다. 위안은 서태후에게 베이징에서 장자커우(張家口)까지 징장(京張)철도 건설을 건의해 비준을 받아냈다. 장자커우는 역사적 변혁기마다 군사가들이 주목했던 전략적 요충지였다. 네이멍구로 통하는 상업의 거점이기도 했다. 영국과 러시아 간에 수주 경쟁이 벌어졌다. 외국의 자본과 기술이 도입될 기미가 보이자 중국인의 반대도 격렬했다. 위안스카이는 협상에 나섰다. 중국에 철도 건조 능력이 없다고 판단한 두 나라는 "중국인 엔지니어가 설계·시공·수축을 담당한다면 손을 떼겠다"고 협박했다.

위안스카이는 일면식도 없었던 '관비(官費) 아동유학생' 출신 잔톈유(詹天佑)를 발탁했다. '징장철도 공정국 총판 겸 총공정사'(京張鐵道工程局總辦兼總工程師)라는 긴 직함을 부여하며 모든 권한

1912년 51세 되는 해 춘절의 잔톈유.

을 일임했다. 영국의 한 일간지는 "자신의 능력을 모르는 과대망상증 환자가 탄생했다"고 잔톈유를 폄하하면서 "철도를 수축할 수 있는 중국인 엔지니어는 엄마 뱃속에서 아직 태어나지도 않았다. 외국 기술에 의존하지 않겠다는 중국의 꿈이 실현되려면 최소 50년은 지나야 한다"며 중국인을 조롱했다.

잔톈유는 몰락한 광둥 차(茶) 상인의 후예였다. 1872년, 11세 때 아버지 손을 잡고 홍콩에 나와 제1차 유학생 선발에 응시해 합격했다. 부친은 "질병으로 죽더라도 천명으로 알겠다"는 문서에 서명하고 고향으로 돌아갔다. 잔톈유는 미국에서 6년간 기초교육을 받은 후 예일대학 토목과에 입학해 철로공정을 전공했다. 체력이 미국 학생들보다 뛰어났고 운동에도 소질이 있었다. 수영 · 빙상 · 바다낚시는 발군이었고 야구시합에 출전해서는 홈런도 쳤다. 중국인이 해외에서 친 첫 번째 홈런이었다.

1881년, 정부가 유학생 120명을 강제 귀국시킬 때 잔톈유는 학사학위를 받은 두 사람 중 하나였다. 소환된 유학생 출신들은 냉대를 받았다. 과거(科擧) 출신이 아니라며 가는 곳마다 사람대접을 해주지 않았고 배운 것을 활용할 수 있는 일자리도 마련해주지 않았다. 양무파마저 서양인 기술자들을 더 선호했다. 이들은 1901년 위안스카이가 직례총독 겸 북양통상사무대신에 부임한 후에야 기용되기 시작했다.

20년간 잔톈유는 남들에 비하면 그래도 운이 좋은 편이었다. 7년간 영어교사를 하던 중 친구의 주선으로 겨우 철로공사에 들어갈 수 있었다. 서양인들의 조수 노릇을 하며 온갖 잡일을 다했다.

힘들고 귀찮은 일은 항상 잔톈유의 몫이었다. 그러나 톈진에서 탕산 간 철도를 80일 만에 완성했고, 징선철도(京瀋鐵道, 베이징-선양) 건설 과정에서 외국인 공정사들이 번번이 실패한 롼허철교(灤河鐵橋) 건설도 잠수부들을 동원해 간단히 해결했다. 서양인들은 이해할 수 없는 중국 전통 공법이었다. 물론 생색은 엉뚱한 사람들이 냈지만 광활한 중국 천지에 대동맥을 건설해 혈액을 흐르게 하겠다는 잔톈유의 꿈은 하찮은 백일몽이 아니었다.

1905년 8월 징장철도 기공식 날, 잔톈유는 "각자 배운 것과 아는 것을 다 내놔라. 국가의 부강을 위해 사용하자. 외국인들에게 모욕을 당하지 않아야 지구상에 자립할 수 있다"며 엔지니어와 노동자들을 긴장시켰다. 또 "중국은 큰 나라다. 우리에게 필요한 것이 이 안에 다 있다. 길 하나 만들면서 외국의 힘을 빌리는 것은 국가적 치욕이다"라며 민족철도 건설을 선언했다.

업자 뇌물과 세도가 방해 뚫고 4년 만에 징장철도 완공

민족철도 건설은 국가적인 사업이었다. 길을 내고, 쇳덩어리를 없고, 침목을 깔고, 터널을 뚫고, 각종 장비를 구입해야 했다. 눈먼 돈이 많을 수밖에 없었다. 잔톈유는 자금을 농단할 수 있는 위치에 있었다. 온갖 유혹에 시달렸다. 잔톈유가 화초를 좋아한다는 소문이 나자 귀한 화목을 보내오는 사람이 줄을 이었다. 외국인들은 자국의 희귀한 화목들을 들고 왔다. 화분마다 돈이나 황금이 들어 있었다. 정치가나 고위 공직자들이 궁지에 몰렸을 때 말하는 대가와 조건이 없다는 돈들이었다. "하늘이 알고 땅이 안다고들 하지만 하

1909년 10월 2일,
난커우(南口)에서 거행된 징장철도 개통식.

늘과 땅은 말을 할 줄 모릅니다. 글도 쓸 줄 모릅니다"라는 품위 있고 정중한 서신을 동봉한 고수들도 있었다. 그러나 잔텐유는 철도 외에는 관심이 없는 사람이었다.

징장철도 공정에 투입된 관료들도 불만이 컸다. "관리가 돼 돈을 밝히지 않으면 평생 저주받는다"며 잔텐유를 조롱했다. 중국은 땅덩어리가 크고 없는 게 없는 나라였지만 청백리만은 성인(聖人)보다도 귀했다. 잔텐유는 이들을 무시한 채 설계와 시공을 직접 관장하고 현장을 떠나지 않았다.

베이징에서 장자커우까지는 지형이 복잡한 곳이 많았다. 중간에 옌산산맥(燕山山脈)이 뒤엉켜 있었다. 잔텐유는 경비를 절감하고 시간을 단축하기 위해 분단시공을 택했다. 정밀한 측량이 따르지 않으면 불가능했다. 선로를 정하는 작업이 시작되자 낮에는 측량 대원들과 함께 필요한 장비를 등에 지고 암반을 기어올랐다. 밤이면 등불 아래서 회도(繪圖)와 계산(計算)에 매달렸다. 바다링(八達嶺)에 서북풍이 몰아치고 한 치 앞을 분간하기 힘든 황사가 하늘을 가린 상황에서도 대원들에게 정밀한 측량을 요구했다. "정확한 수치냐?"며 의심에 가득 찬 눈초리로 질문을 던졌을 때 "차부뒤"(差不多, 거의 비슷하다)라는 대답이 오면 직접 나서서 오차를 잡아냈다. "다가이"(大概, 대충), "차부더우"라는 말이 공정원들 사이에서 차차 없어졌다.

계곡에 추락해 사망한 공정원이 한 명도 없었다는 것은 기적이었다. 한 공정사는 잔텐유의 말대로 현지의 농민들을 찾아다니며 가르침을 구한 덕분이라는 기록을 남겼다.

1,092미터에 달하는 바다링 터널을 포함한 5개 터널을 뚫으며 공인들과 함께 돌을 까고 물을 퍼내며 온몸이 흙과 땀으로 범벅이 되는 것은 힘든 일이 아니었다. 돈 싸들고 찾아오는 사람들 상대하는 것도 문제될 게 없었다. 정작 잔톈유를 괴롭히고 분노케 한 것은 선로가 통과할 곳에 별장이나 조상의 분묘가 있는 황족과 조야의 세도가들이었다. 겉으로는 사람들을 동원해 공정을 방해하고 뒤로는 은밀히 노선 변경을 요구했다. 특히 칭허(淸河) 연변에는 왕과 환관들의 무덤이 즐비했다. 서태후 생부(生父)의 무덤도 있었다. 노선을 바꿀 경우 시간과 경비는 상상할 수 없을 정도였다. 잔톈유는 끝까지 못 들은 체했다.

　　징장철도는 1909년 완공까지 4년 걸렸다. 원래 예정된 공사 기간은 6년이었다. 비용도 서양인 공정사들이 산출했던 것의 5분의 1로 모든 것을 해내는 바람에 국고 36만 냥을 절약할 수 있었다. 가장 짧은 시간에 가장 적은 돈으로 우수한 철도를 놓을 수 있다던 잔톈유의 말은 빈말이 아니었다.

　　2009년, 중국 정부는 우리 돈으로 약 800조 원을 투입해 철도를 4만 1,000여 킬로미터 연장한다고 발표했다. 2009년은 잔톈유에 의해 민족철도가 개통된 지 100년이 되는 해였다. 중국인들은 국가가 어려움에 처하면 위대한 인물이 나타나 국난을 극복한다는 믿음을 갖고 있다. 잔톈유는 쑨원 외에 대륙과 타이완에서 모두 추앙받는 유일한 인물이다.

마오쩌둥의 자동차

"소련이 만드는 걸 우리가 못 할 이유가 없다."

전용차도 거부한 마오쩌둥

마오쩌둥은 총으로 정권을 잡았다. 건국 전까지 군사문제에 심혈을 기울였지만, 총은 싫어했다. 휴대하지도 않았다. 징강산에서 주더의 부대와 합류할 때 총을 찼지만 잠시였다. 의식이 끝나자 원주인인 경호원에게 돌려줬다. 이날 이후 죽는 날까지 호신용이건 뭐건, 총을 휴대하지 않았다.

절세의 군사가였던 마오쩌둥은 "나는 문방4보(文房四寶)로 국민당 4대 가족을 내쳤다"는 말을 자주 했다. 틀린 말이 아니다. 틈만 나면 붓을 희롱하고 자연을 노래했다. 잔혹한 전쟁 시절은 물론, 장정 도중에도 문방4보는 꼭 챙겼다.

총기 휴대는 질색이었지만 무기는 중요시했다. 마오쩌둥은 중국 역사상 무기가 얼마나 중요한지를 가장 먼저, 그것도 가장 심각하게 인식한 사람이었다. 1927년 국·공합작 파열 후 비밀회의에서 "정권은 총구에서 나온다"고 단정할 정도였다.

무장으로 천하를 군림하자 경제에 눈을 돌렸다. 국가 건설에는 돈이 필수였다. 돈을 전쟁 시절의 무기와 동일시했다. 돈을 가장 중

중국이 자체 생산한 승용차
'둥펑'(東風)을 살펴보는 마오쩌둥(오른쪽 둘째).
왼쪽 셋째가 5로 중 한 명인 린보취.
1958년 5월 21일, 베이징.

요하게 여겼지만 직접 만지지는 않았다. 옌안 시절에도 돈에 손을 대지 않았고, 국·공내전 시절 떠돌이 생활을 할 때도 마찬가지였다. 승리자로 베이징에 입성한 후에도 습관은 변하지 않았다.

자존심 강하고, 욕심 많고, 심보도 고약할 때가 있었지만, 좋은 책과 문방4보 외에 물욕은 거의 없었다. 신중국 성립 전까지 전용차도 소유하지 않았다. 항일전쟁 시절, 싱가포르 화교 영수 천자경(陳嘉庚)이 모국을 찾았다. 근엄한 장제스보다 마오쩌둥에게 호감이 갔다. 귀국 후 포드 자동차 두 대를 중공 측에 보냈다.

선물을 받은 중공은 어디에 쓸지 고심했다. 회의를 열었다. "우선 마오 주석에게 한 대 배정하자"는 주장이 많았다. 마오쩌둥은 거절했다. "난 필요 없다. 아무리 생각해봐도 차 타고 다닐 일이 없다." 대신 의견도 냈다. "전선에서 작전을 지휘하는 주더에게 한 대 보내고 다른 한 대는 5로가 사용하게 하자." 마오쩌둥이나 최고위급 간부들은 정 급할 때 5로가 사용하던 차를 빌려 탔다. 그러다 보니 마오의 전용차가 있을 리 없었다.

1949년 3월, 베이핑으로 이동할 때도 국민당군에게서 노획한 미군 지프를 탔다. 당시 중공 형편에는 사치품이었지만, 문짝은 날아가고 구멍도 뚫린, 누추하기가 이를 데 없었다. 승차감도 형편없었다. 중도에 인민해방군을 사열할 때도 같은 차를 이용했다.

사진을 본 스탈린이 차 몇 대를 보내주라고 지시했다. "지스 110과 115." 당시 소련에서 만든 최고급 승용차였다. 건국 후 한동안 중국 지도부는 이 차들을 사용했다. 지스 115는 110의 방탄차였다. 마오쩌둥은 지스 115를 탔다. 8기통에 기름 소모량이 엄청났다.

지스 115에는 공기정화장치가 없었다. 마오쩌둥은 체격이 크고 땀을 많이 흘렸다. 여름만 되면 차 안이 찜통이었다. 그래도 안전 때문에 차 문을 열 수 없었다. 차 안에 얼음 상자를 싣고 다니며 온도를 조절했다. 십여 년간 이런 식으로 여름을 났다.

"소련도 만드는데 샘난다, 차 만들어라"

마오쩌둥은 남의 차 타기도 싫어했다. 보통 싫어한 게 아니라 아주 싫어했다. 대신 남이 타는 것은 즐겼다. 마오의 전용차는 항상 만원이었다. 소련 총서기 흐루쇼프(Nikita Khrushchev)는 마오의 기벽을 익히 알고 있었다. 베이징에 왔을 때 류사오치, 저우언라이와 비서, 경호원과 함께 마오의 승용차에 꾸겨 타고 만찬장에 가도 불평하지 않았다. 흐루쇼프를 싫어하던 마오도 이때만은 기분이 좋았다고 한다.

마오쩌둥은 일찍부터 중국산 자동차를 제작해야겠다고 생각했다. 발단은 1950년대로 거슬러 올라간다. 1950년 초, 소련을 방문한 마오쩌둥은 스탈린에게 기분이 상했다. 귀국 후 지스를 자주 이용하지 않았다. 중공업부(重工業部)를 신설해 자동차 만들 준비를 하라고 지시했다. "소련이 만드는 걸 우리가 못 할 이유가 없다. 샘이 나서 못살겠다. 소련 자동차 베끼는 것부터 시작해라. 전력과 철강 자원이 풍부한 동북 지역에 부지를 물색해라. 전국에 있는 대학을 뒤져라. 해외에서 귀국한 전문가가 있는지 찾아봐라." 칭화대학에 적당한 인물이 있었다.

창춘(長春)은 만주국의 수도였다. 한때나마 정치 중심지 역할을 한 관계로 다른 곳에 비해 공장이 적었다. 시 전역에 오가는 차도 2대가 고작이었다. 중공업부는 폐허가 되다시피 한 일본 관동군 세균 연구소가 있던 자리에 자동차 제작 지휘소를 차렸다. 선양과 하얼빈(哈爾濱)은 이미 만원이었다.

1958년 5월, 그럴듯한 중형차가 모습을 드러냈다. 제대로 굴러갈지 걱정이 앞섰지만 잘 굴러갔다. 이름도 마오쩌둥이 '둥펑'이라고 직접 지었다. 인간의 샘을 능가할 만한 에너지는 없다.

함대 사령관의 꿈

"이리와 늑대가 우글거리는 국제무대에서 살아남으려면
스스로 강해지는 것 외에는 방법이 없다."

장제스에게 항모 건조 제안한 38세 함대 사령관

청나라 말기, 중국에는 북양수사(北洋水師)와 남양수사(南洋水師, 흔히들 강남수사라고 불렀다) 2개 함대가 있었다(창강수사長江水師도 있었지만 보잘것없었다). 이홍장이 관할하던 북양수사는 텐진에 학당(學堂)을 설립해 인재를 공급받았다. 1890년, 서태후는 남양수사도 난징에 학당을 설립하라고 지시했다.

1894년 여름, 청일전쟁이 발발했다. 세계 8위를 자랑하던 북양수사는 일본 해군에 의해 만신창이가 됐다. 숙식은 물론이고 생활용품에 용돈까지 지급하는 남양수사 학당으로 인재들이 몰려들었다.

남양수사 학당은 들어가기가 힘들었다. 친척 중에 범죄자가 있거나 이상한 종교를 신봉하면 응시가 불가능했다. 중국인이라도 외국 국적을 취득한 적이 있으면 마찬가지였다. 청백리의 후예들에겐 가산점을 줬지만 응시자가 한 명도 없었다. 워낙 청백리가 귀한 나라다 보니 어쩔 수 없었다. 일단 들어가면 재학 중 자퇴나 결혼도 허락하지 않았다. 돈을 물어내면 자퇴는 허용했다. 교사는 영국인이 대부분이었다.

해군부장 시절 장제스의 손위 동서인
쿵샹시(앞줄 왼쪽 둘째) 재정부장과 함께 독일을 방문한
천사오콴(陳紹寬, 왼쪽 셋째, 해군 제복 차림).
1937년 4월, 베를린.

졸업하기는 더 힘들었다. 이수해야 할 과목이 너무 많았고, 교육 방법이 혹독했다. 2년간 영어로 기초 지식을 쌓게 한 후, 4년간 천문(天文), 지리(地理), 해도(海圖), 포진(布陣), 어뢰(魚雷), 풍향(風向), 선박 수리와 제조, 포 사격 등을 반복시켰다. 1년에 한 차례 해양 실습도 실시했다.

고전 교육도 게을리 하지 않았다. 『좌전』(左傳), 『전국책』(戰國策), 『손자병법』(孫子兵法)을 암송해야 했다. 증국번, 좌종당(左宗棠), 이홍장과 함께 태평천국의 난을 진압한 해군제독 호임익(胡林翼)의 『독사병략』(讀史兵略)은 필수였다. 시험도 거의 매일 봤다. 학생들은 넌덜머리를 냈다.

외국인 교관들도 불평이 많았다. "아무리 미련해도 정도가 있다. 이렇게 교과목이 많고, 교육 기간이 긴 군사학교는 처음 본다. 해군 인재를 키우기는커녕 우수한 애들 정신병자 만들겠다"는 말이 나올 정도였다.

남양수사를 총괄하던 양강총독 유곤일(劉坤一)은 외국인 교관들이 그러건 말건 개의치 않았다.

"인재는 몇 년간의 교육으로 만들어지는 게 아니다. 100만 대군도 통솔은 한 사람이 한다. 재목감이 한두 명만 나오면 나머지는 있어도 그만 없어도 그만이다. 머리 좋은 군인이 많으면 나라가 편할 날이 없다. 삶과 죽음은 하나라는 것만 가르치라고 했더니 말들이 많다. 우리 학당이 중국 해군의 요람 소리를 들으려면 우수한 지휘관 한 명만 배출하면 된다."

맞는 말이라며 고개를 끄덕이는 사람도 있었지만, 영국인 교관들은 아무리 들어도 무슨 말인지 모르겠다며 반 이상 떠났다.

시간이 갈수록 학생들도 꾀가 생겼다. 퇴학당할 때엔 돈을 물어 내지 않아도 됐다. 틀린 답안을 써내고 체력장에서 일부러 낙오했다. 학교 측에서는 퇴학생들을 좋아했다. 이유가 있었다. 정부는 매년 120명에게 들어갈 돈을 내려 보냈다. 감독관이 오면 아무나 데려다 교복 입혀서 숫자만 채우면 그만이었다. 학생 100여 명분을 횡령해먹는 바람에 실제 졸업생이 20여 명 내외인 적도 있었다. 후일의 대문호 루쉰도 동생과 함께 입학했다가 퇴학을 자청해 고맙다는 말을 들었다.

천사오콴도 1907년, 열일곱 살 때 남양수사 학당에 입학했다. 해군부대 청소부였던 아버지의 영향이 컸다. 해만 지면 기숙사 불을 꺼버리자 학당 측에 요구했다. "내 방에 밤새도록 전등을 켜주기 바란다. 전기요금은 매달 주는 용돈에서 제하라." 천사오콴은 뭐든지 1등이었다.

최고 점수로 학당을 졸업한 천사오콴은 북양해군 소위로 임관했다. 1915년 겨울, 혁명당의 함정 탈취를 무산시켰다. 그 공으로 북양정부는 영국 유학을 보내줬다. 제1차 세계대전이 터지자 영국 해군과 함께 대독(對獨) 작전에 참여했다. 무슨 전공을 세웠는지는 모르지만 영국 여왕에게서 훈장을 받았다. 파리 강화회의에도 해군 대표로 참석했다.

천사오콴은 파리 강화회의를 지켜보며 충격을 받았다. 귀국 직전 일기를 썼다.

국·공내전 말기, 천사오콴은 타이완으로 가자는
장제스의 권유를 뿌리치고 대륙을 떠나지 않았다.
『마오쩌둥 선집』을 공부하는 천사오콴.
1956년 2월, 베이징.

"서구 열강은 이익을 나눠먹기에 바빴다. 약소국을 기만하고 능멸했다. 중국은 비록 승전국이었지만 도마 위에 올린 고깃덩이였다. 이리와 늑대가 우글거리는 국제무대에서 살아남으려면 스스로 강해지는 것 외에는 방법이 없다."

고향의 부인 사망 소식도 한 귀로 흘렸다. 1928년, 제2함대 사령관에 임명된 천사오콴은 전국을 통일한 장제스에게 편지를 보냈다. "2,000만 위안만 주시면 항공모함을 만들 자신이 있습니다."

"천사오콴은 무슨 일 벌일지 모를 인물"

제1차 세계대전이 끝날 무렵, 영국에 체류 중이던 천사오콴은 함정에 비행기가 있는 것을 보고 눈이 번쩍했다. 본국에 보고서를 보냈다. "배 한쪽에 갑판을 붙여놓고 비행기를 싣고 다니는 것을 봤다. 우리도 만들 수 있다. 해양대국이 되려면 잠수함도 건조해야 한다." 북양정부는 묵살했다. 천사오콴은 잠수함을 한 척 구하기 위해 독일로 달려갔지만 영국 측의 방해로 실패했다.

천사오콴은 북양정부에서 승승장구했다. 1926년, 국민혁명군을 결성한 남방의 국민정부가 북양정부 타도(북벌)를 선언했다. 북양정부 제2함대 사령관 천사오콴은 창강 하류에 방어선을 설치했다. 이 일대는 군벌 쑨촨팡(孫傳芳)의 통치 구역이었다.

천사오콴은 직속상관의 명령을 따를지, 국민정부에 귀순할지를 놓고 심사숙고했다. 함대를 이끌고 국민혁명군에 가담했다. 룽탄(龍潭) 전투에서 쑨촨팡의 주력을 궤멸시켰다. 국민정부는 1등 훈

1945년 9월 9일 오전 9시,
일본군으로부터 항복문서를 받기 위한 의식에
국민정부 군정부장 허잉친(何應欽, 가운데)과 함께
중국 전구를 대표해 참석한
해군 총사령관 천사오콴(오른쪽 둘째).

장과 '중류지주'(中流砥柱, 황하의 풍랑 한가운데 꿋꿋이 서 있는 기둥) 네 글자가 선명한 깃발로 보답했다.

북방을 평정한 장제스는 제2함대 사령관을 교체하지 않았다. 항공모함을 만들자는 천사오콴을 직접 불러서 달랬다. "경제 개발과 공산당 소탕을 병행해야 한다. 항공모함 건조에 막대한 예산을 투입하면 민심이 우리를 등진다. 네가 제출한 계획안은 보류시키겠다. 5년도 좋고 10년도 좋으니 더 큰 빵 덩어리를 빚어봐라. 굽는 건 내가 하겠다." 듣고만 있던 천사오콴은 잠수함이라도 만들자고 제의했지만 똑같은 대답이 돌아왔다.

장제스는 "무슨 일 벌일지 모를 인물"이라며 천사오콴을 경계했다. 해군 동향을 파악하느라 집무실을 떠나지 않았다. 지휘관 중 천사오콴의 고향인 푸젠 출신이 많다는 것에 경악했다. 동북과 광둥 쪽도 만만치 않다는 것을 알자 천사오콴을 장쉐량에게 보냈다.

베이징에서 동북의 지배자 장쉐량을 만난 천사오콴은 해군의 지휘권을 통일시키자고 제의했다. 장쉐량은 동의했다. 장제스는 광둥 지역의 해군도 천사오콴을 내세워 정리했다. 광둥 해군도 천사오콴의 설득에 이의를 제기하지 않았다.

장제스는 타고난 군인정치가였다. 천사오콴을 해군부장에 임명했지만, 제 손으로 해군 인재를 양성하기로 작정했다. "북양해군과 남양해군을 뿌리뽑아버리겠다"며 장쑤 성 장인 현에 해군학교를 설립하고 교장을 겸임했다.

해군부는 간판만 요란했다. 1년 예산이 장제스가 교장인 해군학교의 절반에도 못 미쳤다. 실망한 천사오콴은 악조건 속에서도 함

청일전쟁 직전, 영국인 교관과 함께한
북양함대의 지휘관과 수병들.

정 건조를 게을리 하지 않았다. 1928년부터 10년간 군함 7척과 어뢰정 10척을 건조하고 구닥다리 함정 13척을 신형으로 개조했다.

천사오콴은 항공모함과 잠수함 건조의 꿈을 버리지 않았다. 중앙방송국에 나가 항공모함과 잠수함 건조가 해군의 목표라며 정부를 압박했지만 반응이 없었다.

1937년, 항일전쟁이 발발했다. 장제스는 영국에 있던 천사오콴을 해군 총사령관에 임명했다. 황급히 귀국한 천사오콴에게 강을 따라 북상하는 일본군 대부대를 저지해야 한다며 창강 방어를 당부했다. 천사오콴은 하룻밤 새에 상선 수십 척을 징발해 강을 막아버렸다. 비행기와 강력한 후방 지원을 받는 일본 제3함대와는 애초부터 상대가 안 되는 싸움이었다.

적기의 화력에 노출된 중국 해군은 중기관총과 고사포로 맞섰다. 전투는 1개월간 계속됐다. 적기 몇 대를 격추시키고 중국 해군은 전멸했다. 전쟁을 참관한 독일 고문이 훗날 묘한 기록을 남겼다.

"제1차 세계대전 이후 가장 격렬하고 괴상한 해전이었다. 일본군 800명과 중국군 3,000명이 목숨을 잃었다. 천사오콴은 북양수사에서 시작된 구 중국 해군의 씨를 말려버리려고 작정한 사람 같았다. 일본군의 북상을 한 달간 저지하며 중국 해군이 얼마나 보잘것없는지를 만천하에 노출시켰다."

독일인의 예측은 틀리지 않았다. 1943년 11월, 천사오콴은 '신해군건설 계획안'을 장제스에게 제출했다. "4개 해군 군구(軍區)를 신설하고 항공모함 20척을 건조하자. 한 척당 18억 위안이면 가능하다." 장제스는 거절했다. 1945년 8월 15일, 일본이 항복하자 천사오콴은 계획안을 수정했다. 20척을 12척으로 줄였다. 내전을 준비하던 장제스는 계획안을 처다보지도 않았다.

겨울이 되자 중공군이 동북으로 이동했다. 국민당 중앙군사위원회는 천사오콴에게 보하이 만을 봉쇄하라고 지시했다. 천사오콴은 군함을 이끌고 출항했지만 타이완으로 방향을 돌렸다. 장제스는 병력을 동원해 해군 총사령부를 없애버렸다. 난징으로 돌아온 지 10일 만에 천사오콴은 파면당했다.

젊은 시절 영국 체류 중 부인을 잃은 천사오콴은 재혼하지 않았다. 홀몸인 제수와 조카들을 데리고 귀향했다. 짐은 책 보따리 30개가 다였다. 장제스가 전략고문 임명장과 돈을 보냈지만 거절했다. 내전에 패한 장제스가 타이완으로 가자며 사람을 보냈을 때도 대문을 닫아걸고 만나지 않았다.

신중국 설립 후 천사오콴은 각별한 보호를 받았다. 문혁 시절에도 마오쩌둥과 저우언라이의 지시로 손끝 하나 다치지 않았다. 국방위원회 위원, 전국인민대표대회(全國人民代表大會, 이하 전인대) 대표, 푸젠 성 부주석 등을 역임했지만 거의 모습을 드러내지 않았다.

1969년 세상을 떠나기 직전, 마오쩌둥에게 그간의 보살핌에 감사하다는 편지를 보냈다. 타이완에 있는 옛 친구들과 부하들에게도 조국통일에 전념하라는 유언을 남겼다. 천사오콴의 이름을 딴 항공모함이 등장하기를 바라는 중국인이 많다.

미사일과 로켓의 왕

"과학은 국경을 가릴 필요가 없다."

'우주과학의 아버지' 첸쉐썬에 영향 준 장바이리

문혁이 한창이던 1970년 4월, 중국은 최초의 인공위성을 쏴올렸다. 발사 하루 전날, 총리 저우언라이가 관계자들을 격려했다. 해산 무렵 첸쉐썬(錢學森)을 불렀다. 부탁이 있다며 입을 열었다. "제발 과로하지 마라."

2009년 10월 31일, 첸쉐썬이 세상을 떠났다. "중국 우주과학의 아버지, 미사일과 로켓의 왕이 눈을 감았다"며 중국 천지가 발칵 뒤집혔다.

한 신문이 첸쉐썬이 자주 하던 말을 소개했다.

"일생을 통해 두 분에게 많은 영향과 도움을 받았다. 개국총리 저우언라이와 장인 장바이리(蔣百里)의 보살핌은 평생 잊을 수 없다."

아버지 첸쥔푸(錢均夫)에 관한 얘기는 남들이 대신 해줬다.

첸쥔푸와 첸쉐썬 부자.
중국이 배출한 세계적인 군사 과학자 첸쉐썬의
인생 중 첫 번째 모습이기도 하다.
1913년 1월, 베이징.

"첸쉐썬의 첫 번째 스승은 부친이었다. 박학다재하고 겸손하기가 이를 데 없는 애국자였다. 자손들에게는 집안 전통이라며 지나칠 정도로 엄격했다. 루쉰도 첸쥔푸 앞에서는 말을 가렸다."

첸쥔푸는 항저우의 몰락한 비단장수 아들이었다. 할아버지가 생존했을 때는 집안이 살 만했다. 그 덕에 유년 시절 좋은 교육을 받았다. 저장대학(浙江大學)의 전신인 명문 구시서원(求是書院) 시절, 품행이 단정하고 성적이 우수했다. 거상(巨商) 장(章) 씨가 딸 란쥐안(蘭娟)의 남편감으로 눈독을 들였다. 첸쥔푸도 장 씨를 잘 따랐다.

큰일을 할 인재

장란쥐안은 매사에 열정적인 사람이었다. 계산능력과 기억력은 따라올 사람이 없을 정도였다. 상상력도 풍부했다. 첸쉐썬의 회상을 소개한다.

"엄마 유전자를 물려받았다는 말을 들을 때마다 기분이 좋았다. 우리 엄마는 감정이 풍부하고 호기심이 많았다. 순박하고 선량했다. 내 손 잡고 베이징 거리에 나갈 때마다 걸인들 앞을 그냥 지나치지 않았다. 수학에는 천부적인 재능이 있었다. 그림도 잘 그렸다."

장란쥐안은 아들의 유년 교육을 전담했다. 요구가 추상같았다. "동틀 무렵, 정해진 시간에 일어나 신체를 단련해라. 조반 후, 당시

장바이리는 바오딩군관학교 교장과
육군대학 총장 대리(총장은 장제스)를 역임하며
수많은 지휘관을 양성했다.
군관학교 교장 시절의 장바이리.

(唐詩)를 큰 소리로 암송해라. 피곤하면 동화책을 읽어도 좋다." 오후에는 그림과 붓글씨 교육을 거르지 않았다. 해를 거듭할수록 첸쉐썬의 지식욕은 어른들을 놀라게 했다. 동화책은 거들떠보지도 않고, 아버지 서재에 있는 책에 더 흥미를 느꼈다. 두툼한 책을 들고 엄마에게 달려가 물어보곤 했다.

첸쥔푸도 첸쉐썬에게 고전과 역사공부를 소홀히 하지 말라는 말을 자주 했다. "중국 고전을 섭렵한 사람과 안 한 사람의 차이는 하늘과 땅이다. 민족의 특성과 인생관이 그 안에 다 들어 있다. 조국의 역사를 제대로 정독하지 않은 사람에게 애국을 바라는 것처럼 허망한 일도 없다."

첸쥔푸는 서원 동기 장바이리와 함께 일본 유학을 떠났다. 장바이리의 조부는 대(大)장서가였다. 일찍 분가했던 아버지는 장바이리가 열세 살 때 세상을 떠났다. 책 외에는 유산을 한 푼도 남기지 않았다. 숙부는 부자였다. 선생을 초빙해 자녀들을 교육시켰다. 장바이리는 눈만 뜨면 숙부 집으로 달려가 사촌들 공부방을 귀동냥했다. 하루는 선생이 장바이리의 모친을 찾아왔다. "네 아들은 대가의 자질을 타고났다. 내가 직접 가르치고 싶다. 학비는 필요 없다." 장바이리는 선생을 실망시키지 않았다. 열여섯 살 때 향시(鄕試)에 1등으로 합격했다.

지방 관리들이 장바이리의 재능을 인정했다. 친구가 설립한 구시서원을 소개했다. "너 같은 수재를 안 것만도 영광이다. 학비 걱정 말고 계속 공부해라." 장바이리와 첸쥔푸는 학생 중 발군이었다.

관리들의 애정은 끝이 없었다. 친구들에게 제안했다. "장바이리는 큰일을 할 인재다. 일본 유학을 보내고 싶다. 국가를 위해, 유학 경비를 우리가 출자하자."

장바이리는 "군사학을 공부하겠다"며 일본 육군사관학교에 응시했다. 한 번도 1등을 내주지 않았다. 졸업식 날, 생도 대표로 천황이 주는 칼을 받았다. 교육에 관심이 많았던 첸쥔푸도 도쿄고등사범(東京高等師範)에 무난히 합격했다.

동방 제1의 군사가 장바이리

당시 일본에는 3,000여 명의 중국 유학생이 있었다. 장바이리는 중국학생회를 이끌며 동향 출신으로 구성된 저장동향회(浙江同鄕會)도 탈 없이 꾸려나갔다. 문호 루쉰의 첫 번째 글 「스파르타의 혼」(斯巴達之魂)이 실린 종합잡지 『절강조』(浙江潮)의 발행인도 장바이리였다.

장바이리는 일본의 군사력을 높이 평가하지 않았다. "청일전쟁에서 우리가 패한 이유는 간단하다. 전쟁은 장비 싸움이다. 명색이 장군이라는 사람들이 국방의 중요성을 깨닫지 못하고 전쟁 준비에 소홀했다."

장바이리는 생전에 '동방 제1의 군사가(軍事家)' 소리를 들었지만, 단순한 군사가에 그치지 않았다. 국제무대에서는 무솔리니(Benito Mussolini)를 설득했고, 학계에서는 『서구 문예사상사』를 저술한 서구미술연구의 권위자로 통했다.

장바이리는 첸쥔푸만 만나면 하는 말이 있었다. "네 부인은 중국에서 가장 총명한 여인이다. 아들이 태어나면 내 딸과 결혼시키자." 이런 장바이리였지만 일찍 사망하는 바람에 딸 장잉(蔣英)과 첸쉐썬의 결혼은 보지 못했다.

한동안 장바이리는 국민당 육군 상장, 중국 최초 인공위성 설계자 첸쉐썬의 장인, 무협소설의 대가 진융(金庸)의 외삼촌 등으로 통했다.

장바이리는 타고난 군사가였다. 어떤 유명 언론인의 평가를 소개한다.

"장바이리는 중국 역사에 남을 병학가(兵學家)였다. 전쟁을 지휘한 적은 없지만, 문하에서 수많은 장군들을 배출했다. 제자들은 한결같이 모범적인 장군이었다. 군사학에 관한 저작은 많지 않았다. 대신 한마디 한마디가 경전이라는 소리를 듣기에 충분했다."

타고난 문인이기도 했다.

"병법의 대가 손자(孫子) 이래, 중국의 저명한 군인들은 문인 기질이 넘쳤다. 장바이리는 어릴 때부터 고전을 끼고 살았다. 커가며 외국어도 소홀히 하지 않았다. 서법, 문학, 미술, 외교에 관한 식견이 당대의 고수였다. 군사는 말할 것도 없었다."

장바이리는 일본 육군사관학교 생도 시절, 군국민주주의(軍國民主主義)를 제창한 적이 있었다. "전 국민에게 군사 교육을 실시하

자. 상무정신으로 가득한 신식 군대를 만들어 제국주의자의 침략에 대항하기를 희망한다."

동기생 차이어(蔡鍔)는 장바이리의 주장에 동조했다. 스승 량치차오(梁啓超)가 일본에 오자 장바이리를 소개했다. 장바이리도 량치차오를 스승으로 모셨다. 온갖 예의를 다했다. 정치적 견해는 달랐다. 량치차오가 "중국이 부진한 것은 국민의 공공도덕과 지혜의 결핍 때문"이라고 하자 대놓고 비판했다. 차이어가 말려도 "사사로운 정은 사적인 일"이라며 발끈했다. "중국은 망했다. 그 죄는 지도자의 무지와 무능이 빚어낸 어설픈 독단과 그것을 알면서도 못 본 체한 정부 탓이다. 국민은 이들을 질책 못 한 죄밖에 없다. 누구의 죄가 더 큰지 생각해봐라."

장바이리가 사관학교를 졸업할 무렵, 러시아에 승리한 일본 군부는 눈에 뵈는 게 없었다. 중국 유학생이 1등으로 졸업하자 난감했다. 4기부터 중국생도반을 따로 만들었다. 장바이리는 3기였다.

귀국한 장바이리에게 동북의 지배자 '성경(盛京, 현 선양)장군'이 손을 내밀었다. 신군(新軍) 훈련을 맡기며 청 황실에 동의를 구했다. "찾아보기 힘든 인재입니다. 크게 쓸 만합니다." 1906년 봄, 장바이리 25세 때였다.

동북은 신군과 구군(舊軍)의 충돌이 그칠 날이 없었다. 장바이리도 속수무책이었다. 보다 못한 성경장군이 장바이리를 불러 뭉칫돈을 쥐여줬다. "독일에 가라. 군사학교에 들어가서 공부하며 실컷 놀아라."

4년에 걸친 장바이리의 독일 생활은 다채로웠다. 독일어로 된 서

장바이리는 독일과 인연이 많았다.
1936년, 부인과 딸들을 데리고
미국에 있는 첸쉐썬을 만나러 가던 도중
베를린에서 갓 태어난 호랑이
네 마리를 안고 흔적을 남겼다.
오른쪽 첫째가 셋째 딸 장잉.
10년 후 첸쉐썬과 결혼했다.

구의 역사와 문학, 예술 관련 저작물을 닥치는 대로 읽었다. 느끼는 바가 많았다. 친구 첸쥔푸에게 "국가의 부흥에 문예(文藝)가 얼마나 중요한지 깨달았다. 너나 나나 자식이 태어나면 문학과 예술 교육에 힘써야 한다"는 편지를 보낼 정도였다. 춤도 열심히 배웠다. 베를린에서 열린 무도대회에서 멋진 춤을 선보였다. 왈츠 부문 1등상을 받았다.

독일군 연합훈련에도 참가했다. 훗날 독일 대통령이 된 힌덴부르크(Paul von Hindenburg) 원수에게 칭찬받았다. "조직과 지휘력이 탁월하다. 예전에 나폴레옹(Napoleon Bonaparte)은 장차 동방에 위대한 장군 재목이 출현할 거라는 말을 한 적이 있다. 네 어깨가 무겁다." 독일 생활을 마친 장바이리는 다시 동북신군 훈련에 전념했다. 일본과 러시아에 대항하기 위한 국방기지 건설에 밤잠을 설쳤다.

1911년 10월, 혁명이 발발했다. 장바이리는 동북 독립을 책동했다. 성경장군은 안절부절, 구군을 이끌고 입성한 장쭤린(張作霖)이 신군을 감시해도 관망만 했다. 장바이리는 동북에 머물 이유가 없었다. 고향으로 향하던 중 첸쥔푸가 득남했다는 소식을 들었다. "사위가 태어났다"며 즐거워했다.

베이징의 교육부에 근무하던 루쉰이 항저우의 중학 교장 첸쥔푸를 상급자에게 추천했다. 아버지 따라 베이징에 온 첸쉐썬은 베이징여자사범대학 부속 소학교에 입학했다.

첸쉐썬은 무슨 과목이건 1등만 했다. 한 교사가 "이 애는 공부의 신"이라며 '학신'(學神)이라는 별명을 붙여줬다. 별명은 고등학

초등학교 4학년 무렵의 첸쉐썬.
1921년 겨울, 베이징.

교를 졸업할 때까지 꼬리표처럼 붙어 다녔다. 대학 입학을 앞두고 첸쉐썬은 무슨 학과를 선택해야 할지 고민했다. 아버지에게 조언을 구했다. 첸쥔푸는 뒤로 빠졌다. "내게는 제일 마지막에 와라. 모두의 의견부터 들어봐라." 수학 교사는 수학과를 권했다. "너는 수학의 천재다." 국어 교사는 중문과를 가라고 했다. "네 문장을 읽고 놀란 적이 한두 번이 아니다. 장차 작가가 되라." 예술을 택하라는 교사도 있었다. "너는 예술에 천부적인 자질이 있다. 회화나 음악을 전공해라. 화가나 작곡가가 네 체질에 맞다." 모친도 의견을 내놓았다. "아버지처럼 교육학을 해라. 난세에는 학교 선생이 제일이다."

첸쉐썬은 갈피를 잡지 못했다. 끝으로 아버지의 의견을 물었다. 첸쥔푸는 엉뚱한 충고를 했다. "장바이리 장군을 찾아가라. 너를 가장 아끼는 사람이다."

군관학교 교장 된 장바이리

1901년 말, 북양대신과 직례총독을 겸하던 이홍장이 세상을 떠났다. 위안스카이가 뒤를 이었다. 위안스카이는 자신의 손으로 훈련시킨 북양신군을 이끌고 바오딩에 터를 잡았다. 이듬해 5월, 조정에 군사학당 설립을 건의했다. 육군속성학당(바오딩군관학교의 전신)이 문을 열었다. 혁명을 하겠다며 가출한 장제스도 속성학당의 문을 두드렸다.

학당에는 외국인 교관이 많았다. 하루는 세균학을 전공한 일본인 교관이 진흙을 한 줌 쥐고 사고를 쳤다. "이 안에 세균 4억 마리가 우글거린다. 중국 인구와 똑같다." 학생 하나가 교단으로 돌진

314

장바이리 덕에 첸쉐썬(앞줄 왼쪽 첫째)은
어릴 때부터 좋은 음악을 들으며 성장했다.
대학 시절에는 밴드부 활동을 열심히 했다.
1929년 가을, 상하이 자오퉁대학(交通大學) 시절의 첸쉐썬.

했다. 교관 얼굴에 주먹을 한 방 날리고 진흙을 낚아챘다. 진흙을 8등분해 교관의 면상에 문질러댔다. "너희 나라 인구가 5,000만 명이라고 들었다. 이 안에 5,000만 마리의 세균이 있다." 당황한 교관은 정신을 추스르자 입을 열었다. "이름이 뭐냐? 혁명당원이냐?" 학생은 주저하지 않았다. "저장 출신 장제스다. 내가 혁명당인지 아닌지는 알 것 없다."

교관에게 항의한 학생은 무조건 퇴학이었다. 일본인 교관은 교장에게 학칙대로 할 것을 요구했다. 교장 자오리타이(趙理泰)는 장제스를 불렀다. 한차례 훈화를 마친 후 목소리를 낮췄다. "교관의 비유가 심했지만, 너도 잘한 건 없다. 교칙대로라면 너는 퇴교 대상이다. 내가 방법을 일러주마. 일본 갈 준비를 해라. 일본어반 학생이 아니면 일본 유학시험 응시가 불가능하다. 그건 내가 어떻게 해보마." 장제스는 자오리타이의 융통성 덕에 일본 유학을 떠났다.

1912년, 중화민국 총통에 즉위한 위안스카이는 돤치루이(段祺瑞)를 육군총장에 임명했다. 돤치루이는 육군 속성학당을 베이징으로 이전시켰다. 육군대학으로 개명한 후, 속성학당 터에 바오딩 군관학교를 설립했다. 초대 교장에 자오리타이를 임명했다.

자오리타이는 전형적인 구식 군인이었다. 고집이 어찌나 센지 타협할 줄 몰랐다. 대신 호감 가는 사람에게는 더할 나위 없었다. 지독한 아편 중독자였고, 여자도 유난히 밝혔다. 집무실, 빈 교실, 갈대밭 등 장소도 가리지 않았다. 소문이 자자했지만 끄떡도 안 했다. "여자가 남자 밝히는 것보다는 낫다. 여자로 태어났으면 큰일 날 뻔했다." 위안스카이는 이런 자오리타이를 좋아했다. "세상에

장바이리 부부와 딸들.
오른쪽 첫째가 훗날 첸쉐썬의 부인이 된 장잉.

흠 없는 사람은 없다. 아편 중독 외에는 나와 성격이 맞는다."

남방의 혁명정부 학생군이 "군사학을 배우겠다"며 바오딩군관학교로 몰려왔다. 자오리타이는 혁명군이라면 무조건 싫어했다. 입학을 거부했다. 교내에 혁명세력이 침투해 있을 줄은 상상도 못했다. 학교가 조용할 날이 없었다.

위안스카이나 돤치루이의 생각도 자오리타이와 별 차이가 없었다. 군관학교에 자금 지원을 끊어버렸다. 교관들도 봉급날 빈손으로 돌아갔다. 학생들은 모든 원인을 교장 자오리타이에게 돌렸다. 연일 교내에서 규탄 시위가 벌어지자 자오리타이는 "군관학교건 뭐건 폐교해버리겠다"고 응수했다. 자오리타이는 빈말을 할 줄 모르는 사람이었다. 학생들은 베이징에 있는 육군부(陸軍部)로 몰려갔다.

학생들의 불만이 눈덩이처럼 불어났다. 위안스카이가 직접 나섰다. 자오리타이를 해임하고 후임 교장을 물색했다. 시종무관이 장바이리를 천거했다. "일본과 독일에서 명성을 떨쳤다. 학생들의 불만을 달랠 수 있는 적임자다." 독일에서 포병 교육을 받은 돤치루이도 겉으로는 장바이리를 거부하지 않았다. 모든 지원을 아끼지 않겠다며 큰소리쳤다.

군관학교 교장 취임을 앞둔 장바이리는 친구 첸쥔푸에게 편지를 보냈다. "학생들은 배움만 구할 목적으로 학교에 오지 않았다. 나는 학생들의 요구를 만족시키기 위해 교장직을 수락했다. 학생들을 위한 일이라면 못 할 게 없다. 네 아들 쉐썬에게 좋은 음악 많이 들려줘라. 글을 익히면 이 편지를 보여줘라."

취임식 날, 장바이리는 학생들에게 불량한 생활 습관을 고치라며 청결과 엄숙을 요구했다. "나는 너희들의 생활개선을 위해 노력하겠다." 교재를 새로 만들고 교관들을 직접 교육시켰다. "군사학은 실용적인 학문이다. 현실과 동떨어진 교육은 죽은 교육이다. 군인은 한 치 앞을 내다볼 수 없는 직업이다. 임기응변이 중요하다. 모든 가능성을 열어두고, 임기응변 능력을 키우게 해라."

매주 토요일, 장바이리는 학생들에게 특강을 했다. 동서고금 명장들의 언행을 소개하며 학생들을 분발시켰다. 휴가 중인 교관들의 강의도 대강(代講)했다. 강의 내용은 흡입력이 있었다. 학생들은 교관들이 휴가 가기를 손꼽아 기다렸다.

1913년 6월 19일, 신문을 접한 국민들은 어리둥절했다. "어제새벽, 바오딩군관학교 교장 장바이리 장군이 학생들 앞에서 자살했다."

죽음으로 양심에 호소하다

장바이리의 자살 소식은 전국을 뒤흔들었다. 며칠 지나자 원인이 밝혀졌다. 정부의 지원을 믿고 부임한 장바이리는 자신감이 넘쳤다. 생도들에게 긍지를 심어줬다. "오늘날 육군을 논하는 사람들은 독일과 일본을 부러워한다. 나는 두 나라를 두루 경험했다. 군사훈련과 실습에 참여하고, 군부대 시찰도 기회 있을 때마다 빠지지 않았다. 그들은 머리가 세 개 달리고 손발이 여섯 개 있는 괴물이 아니다. 우리와 똑같은 사람들이다. 전법이나 전술도 특별한 게 없었다. 애국심이 투철하고, 상하가 한마음으로 노력하다 보니 오늘의 성취를 이뤘을 뿐이다. 나는 우리의 지혜와 능력을 믿는다. 우리 나라가 영원히 빈약하고, 군대가 저들만 못하리라고 믿지 않는다. 제군들이 장차 군을 다스릴 우수한 장교가 되도록 헌신하겠다. 그러지 못하면 천하를 향해 사죄하겠다.”

육군부는 장바이리의 이상과 거리가 멀었다. 멋대로 교관을 갈 아치우고, 교재도 제때 보내주지 않았다. 기병과에 말이 한 필도 없었고 포병과는 박격포도 제대로 갖추지 못했다. 장바이리는 애가 탔다. 베이징을 여러 차례 오갔다. 도처에 장벽투성이였다.

“나의 요구는 받아들여질 기미가 보이지 않는다. 관료사회는 중국의 출로를 찾기 힘들 정도로 음침했다. 죽음으로 저들의 양심에 호소하는 것 외에는 방법이 없다.”

1913년 6월 17일 밤, 베이징 육군부에서 온종일 시달리다 돌아온 장바이리의 몰골은 처참했다. 교장실 부관이 구술을 남겼다.

“기색이 초췌했다. 감히 말을 걸기 힘들 정도였다. 먹을 갈아 달라는 말 외에는 한마디도 하지 않았다.”

장바이리는 자살을 결심했다. 군관학교 교육장, 고향에서 여생을 보내는 노모(老母), 일본육사 동기인 윈난 성 도독(都督) 차이어에게 보낼 장문의 유서를 작성했다. 육군총장 돤치루이에게 보내는 편지는 썼다가 휴지통에 던져버렸다. 교육장 앞으로 쓴 유서가 남아 있다.

"내 통장에 500위안이 있다. 딸 결혼에 쓰도록 해라. 노모는 젊어서 홀몸이 됐다. 직접 사정을 고하고, 틈나면 찾아가 적막을 달래주기 바란다. 너와 사귄 지 10여 년, 그간 반년을 함께 일했다. 말하자면 끝이 있을 리 없고, 안 해도 내 심정을 알리라 믿는다. 수십 년 후, 혼백(魂魄)으로라도 다시 만나자."

날이 밝자 장바이리는 비상을 걸었다. 전교생 2,000여 명을 연병장에 집합시켰다. 정장을 하고 나타나 엄숙한 눈빛으로 생도들을 한차례 둘러봤다. 생도들은 교장의 표정이 평소와 다르다고 직감했다. 뭔가 일이 벌어질지 모른다는 예감은 했지만, 자살까지는 상상도 못 했다.

교장의 침통한 목소리가 새벽 공기를 갈랐다. "그간 너희에게 많은 요구를 했다. 어김없이 잘 따라줬다. 나는 내가 할일을 제대로 못 했다. 스스로 벌을 내리려 한다. 내가 무슨 행동을 하건 미안해 할 것 없다. 교장의 책임을 다하지 못해 미안할 뿐이고, 너희를 볼 면목이 없다. 지금 우리나라는 어딜 가나 마찬가지다. 여기서 안 되는 일이 저기서는 되는 경우가 허다하다. 내게 무슨 일이 생겨도 동요하지 마라. 중국의 미래가 너희에게 달려 있다." 학생들은 불길한 징조를 느꼈다. 아니나 다를까, 총성과 함께 장바이리가 뒤로 쓰러졌다. 교정이 혼란에 빠졌다. "교장이 자살했다."

"자살은 용감한 행동이 아닙니다"
불행 중 다행이었다. 연단 밑에 있던 교관은 평소 교장이 비분강

장바이리와 일본인 간호사 쭤메이(左梅).
홋카이도 출신인 쭤메이는 장바이리와 결혼한 후 일본과 단절했다.

개하는 모습을 본 적이 없었다. 의아해하며 장바이리 쪽으로 고개를 돌렸다. "교장의 손이 허리춤으로 향하는 것을 보자 미친 듯이 계단을 올라가 총을 낚아챘다. 총구가 약간 왼쪽으로 틀어지며 탕 소리가 났다. 실탄이 늑골을 스치고 지나가는 바람에 심장은 상하지 않았다. 교장은 목숨을 건졌다. 생도들의 통곡이 바람 소리를 삼켰다." 보고를 받은 대총통 위안스카이는 의료진을 바오딩으로 파견했다. 생도들도 무심치 않았다. 돌아가며 교장의 병실 주변을 지켰다.

장바이리의 자살 소식이 퍼지자 정부 실책을 비난하는 소리가 드높았다. 장바이리의 쾌유를 기원하는 편지가 줄을 이었다. 원난 도독 차이어는 이유를 밝히라며 정부를 압박했다. 위안스카이는 민심을 읽을 줄 알았다. 일본 최고의 의사와 간호사를 베이징으로 초빙했다.

34년 후 첸쉐썬의 장모가 될 일본 간호사는 현명한 여인이었다. 장바이리가 뭐 하는 사람인지는 관심도 없었다. 첫 대면 날, 장바이리의 귀에 입을 대고 속삭였다. "자살은 용감한 행동이 아닙니다. 참을 줄 알아야 용감한 사람입니다. 자살은 책임을 피하려는 행위입니다. 위대한 이상을 실현해야 할 분이 가볍게 자신을 희생시키려 한다면, 그런 나라에 무슨 희망이 있겠습니까?"

장바이리는 정신이 번쩍 들었다. 훗날 차이어에게 당시의 심정을 토로했다.

"내가 개만도 못한 것들이 몰려 있는 당파의 삼류 군인이라는 것을 비로소 깨달았다. 병상에서 일어나면 이 여인과 결혼하겠다고

장바이리와 쮀메이는 딸만 다섯을 뒀다.

1947년 7월, 상하이에서 열린 셋째 딸 장잉과 첸쉐썬(왼쪽)의 결혼식.

결심했다."

공기역학 권위자 카먼 만난 첸쉐썬

고등학교 시절, 첸쉐썬은 국부 쑨원의 영향을 많이 받았다. 쑨원은 중국이 쇠퇴한 원인이 교통 때문이라는 말을 자주 했다. "중국이 부흥하려면 교통이 발달해야 한다. 철도는 인체의 혈관과 같다." 당시 중국은 철도 기술자가 부족했다. 우수한 학생들이 자오퉁대학으로 몰렸다.

첸쉐썬도 철도 공정사가 꿈이었다. 자오퉁대학 기계공정학원에 입학했다. 3학년 때 일본군이 만주를 점령했다. 국민정부가 저항을 포기하자 전국의 대학이 술렁거렸다. 자오퉁대학도 정부의 출병을 촉구하기 위해 수도 난징에 파견할 청원단을 조직했다. 첸쉐썬은 하모니카를 들고 참여했다. 난징 구경만 실컷 하고 돌아왔다.

1932년 1월, 상하이 사변이 발발했다. 첸쉐썬은 일본군 전폭기의 폭탄 투하를 여러 차례 목격했다. 충격이 컸다. 철도보다 항공이 중요하다는 생각이 들었다. 도서관에 있는 항공 관련 책을 깡그리 독파했다. 진로를 상의하기 위해 장바이리에게 편지를 보냈지만 허사였다. 후난에서 장제스 정권 전복을 기도하던 장바이리는 거병에 실패, 국가 전복 혐의로 수감 중이었다.

첸쉐썬은 항공학을 공부하기로 결심했다. 대학을 1등으로 졸업하자 미국 관비유학생 시험에 응시해 합격했다. 아버지 첸쥔푸는 아들의 선택에 토를 달지 않았다. "조국에 대한 감정이 없으면 충성도 불가능하다. 출국하기 전에 중국 고전과 역사 서적을 충분히 읽고 가라. 조국의 역사를 정독하며 인생관을 확립해라. 그런 바탕 없이 자연과학을 하면 국가에 해가 된다."

1935년 8월, 첸쉐썬은 MIT(매사추세츠공과대학)에 입학해 미국인과 경쟁했다. 1년 만에 항공공정학 석사학위를 받았다. 문제는 실습이었다. 미국의 비행기 제조창은 외국인 출입을 금지시켰다. 실습이 불가능한 첸쉐썬은 진로를 놓고 방황했다.

장제스와 화해한 장바이리가 중앙군사위원회 최고고문 자격으로 미국을 방문했다. 장바이리를 만난 첸쉐썬은 사정을 털어놓았다. 장바이리는 무슨 일이건 대책이 있는 사람이었다. "비행기 만드는 건 배울 필요 없다. 유럽과 미국의 군사시설을 둘러보니 앞으로는 육군보다 공군이다. 나도 귀국하면 공군 창설을 건의할 생각이다. 소수 정예를 배양하는 칼텍(Caltech, 캘리포니아 공과대학)으로 가라. 20세기 가장 위대한 과학자가 그곳에 있다."

공기역학(空氣力學)의 권위자이자 미국 우주과학의 개척자인 카먼(Theodore von Karman)은 중국에서 온 젊은 과학자가 맘에 들었다.

"1936년 가을, 첸쉐썬이 진일보한 연구를 하고 싶다며 나를 찾아왔다. 우리의 첫 만남이었다. 크지 않은 키에 엄숙하고 단정해 보이는 젊은이였다. 그는 내 질문에 정확하게 대답했다. 사유가 민첩하고 지혜가 넘쳤다. 짧은 만남이었지만, 내게 깊은 인상을 남겼다."

카먼은 첸쉐썬에게 칼텍에 오라고 권유했다. "이곳에 와라. 네가 필요한 지식을 얻을 수 있다. 우리가 손잡으면, 좋은 결과가 있으리라 확신한다." 카먼 55세, 첸쉐썬 25세 때였다.

"남들이 생각 못 하는 것을 생각하라"

첸쉐썬은 칼텍 박사반에 입학했다. 입학 첫날, 지도교수 카먼이 부인과 함께 저녁을 샀다. "빼어난 인재가 많은 곳이다. 경쟁하며 한걸음씩 나아가라. 작은 걸음으론 창신(創新)이 불가능하다. 긴 보폭으로 빠르고 높게 뛰어야 한다. 남들이 생각 못 하는 것을 생각하고, 남들이 말한 적 없는 것을 말해라. 그것이 바로 창신이다."

카먼은 성격이 급했다. 한번은 첸쉐썬과 논쟁을 벌인 적이 있었다. 견해 차이가 심하자 물건을 집어던지며 화를 냈다. 첸쉐썬은 말 한마디 없이 자리를 떴다. 이튿날, 카먼이 첸쉐썬을 방문했다. 얼굴에 미안한 기색이 가득했다. "어제는 내가 틀렸다. 네 주장이 맞다." 이날을 계기로 두 사람은 가까워졌다. 학생으로 시작해 신임하는 제자, 조수를 거쳐 공동 연구자가 되기까지 오랜 시간이 걸리지 않았다.

카먼은 중국이 어떤 나라인지 궁금했다. 1937년 6월 말, 소련 방문을 마치고 중국을 찾았다.

"모스크바에서 기차를 타고 열흘 만에 만주 땅을 밟았다. 만주는 일본의 식민지였다. 칭화대학 총장이 장제스의 청이라며 난징에 가자고 했다. 7월 7일 오후 6시, 난징행 열차를 탔다. 알고

상하이 자오퉁대학 재학 시절 고향을 찾은 첸쉐썬(맨 왼쪽).
부모와 조모(왼쪽 둘째부터)를 만났다.
1931년 4월, 항저우.

첸쉐썬(앞줄 오른쪽)은 카먼(뒷줄 왼쪽 넷째) 남매와 가까웠다.
남매도 중국 유학생들과 자주 어울렸다.

보니 이날이 중일전쟁이 시작된 날이었다. 내가 탄 열차를 끝으로 12년간 베이징발(發) 난징행 열차는 운행이 중단됐다."

장제스는 중국 자력으로 비행기를 만들고 싶어 했다. 카먼에게 방법을 물었다. 명쾌한 대답이 왔다. "첸쉐썬이라는 우수한 청년이 미국에 유학 중이다. 조만간 귀국하면 비행기 제조가 가능하다."

장제스는 카먼의 말을 귀담아듣지 않았다. 카먼은 애가 탔다. "그간 나는 유대인이 가장 우수하다고 믿었다. 첸쉐썬을 보며 중국인도 우수하다는 것을 확신했다." 그래도 장제스는 반응을 보이지 않았다. 미국으로 돌아온 카먼은 첸쉐썬을 불렀다. "미국에 계속 있어라. 중국은 네가 있을 곳이 못 된다."

MIT 최연소 종신교수가 되다

1944년 6월 6일, 연합군이 노르망디에 상륙했다. 1주일 후, 독일군이 프랑스 북부의 발사장에서 로켓을 영국으로 날렸다. 3일간 쏴댄 4,361발 중 2,500발이 영국에 떨어졌다. 연합군이 발사장을 점령하자 독일군은 네덜란드 헤이그 인근으로 장소를 옮겼다. 이듬해 3월, 헤이그가 점령될 때까지 새로운 로켓 1,400발을 영국으로 발사했다. 517발이 런던에 명중했다.

1944년 12월 1일, 펜타곤(Pentagon, 미국 국방부)은 육군항공사령부 과학고문단을 발족시켰다. 단장에 카먼을 임명했다. 카먼은 첸쉐썬을 워싱턴으로 불렀다. 훗날 당시를 회고했다.

"내 친구 첸쉐썬은 칼텍 공학원 로켓 소조 창립멤버로 제2차 세계대전 중 미국의 로켓 개발에 중대한 공헌을 했다. 36세가 되도록 미혼이었던 첸쉐썬은 공인된 천재였다. 그의 연구는 미국의 고속 공기동력학(空氣動力學)과 분기추진(噴氣推進) 기술을 촉진시켰다. 나는 그를 고문단 단원으로 추천했다."

　　펜타곤에 진입한 첸쉐썬은 미국의 최고 군사기밀에 접근할 기회가 많았다. 첸쉐썬이 펜타곤에서 분주한 나날을 보내고, 칼텍의 분기추진 실험실이 로켓 개발에 열중하는 동안 히틀러가 자살하고 독일이 무조건 투항했다. 일본도 백기를 들었다. 전쟁 시절, 연합국 일원이었던 미국과 소련 사이에 독일 과학자 쟁탈전이 벌어졌다. 두 나라는 종전 전부터 독일의 로켓 제조 기지와 과학자 명단 확보에 열을 올렸다. 일류 스파이들을 독일에 잠입시켰다.

　　CIA의 밀보(密報)를 받은 루스벨트가 즉석에서 지시했다. "인재가 제일이다. 두뇌가 영토보다 중요하다. 독일 본토에 진입하면 로켓 전문가부터 확보해라." CIA는 폰 브라운(Wernhe von Braun)을 비롯한 독일 과학자 체포 계획안을 짰다. 펜타곤도 독일 로켓 기지 조사와 전문가 심문을 위한 조직을 만들었다. 명단 첫머리에 카먼의 이름이 있었다. 첸쉐썬이 빠질 리 없었다.

　　펜타곤은 독일에 파견한 심문조도 고문단이라 명명했다. 고문단은 군인으로 위장했다. 카먼은 육군 소장, 첸쉐썬은 소령 계급장을 달고 독일 땅을 밟았다. 로켓 기지는 소련군 점령 지역이었다. 미군은 약정이건 뭐건 개의치 않았다. 로켓 기지에 밀고 들어가 과학자

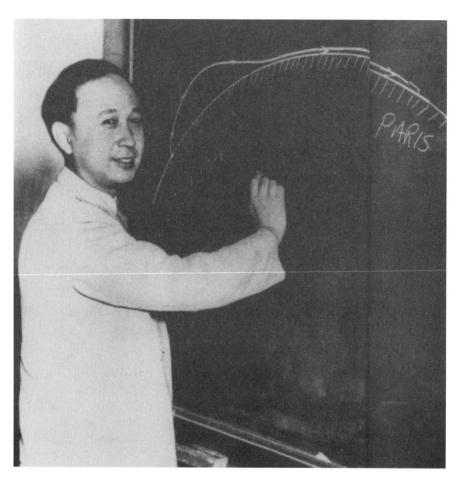

칼텍 교수 시절, 로켓 원리를 강의하는 첸쉐썬.

492명과 그 가족 644명, 제작이 끝난 로켓 100여 개와 설계도면 등을 차량 300대에 싣고 사라졌다. 소련군은 여섯 시간이 지나서야 도착했다.

첸쉐썬과 카먼은 미군 막사에서 폰 브라운을 심문했다. 폰 브라운은 한 살 위인 첸쉐썬의 심문에 순순히 응하며 자신의 연구 경력을 상세히 진술했다. 한 구절이 인상적이었다. "어릴 때부터 우주여행이 꿈이었다. 스물두 살 때 첫 번째 로켓을 만들었다. 1,800미터까지 솟아올랐다. 군의 관심 대상이 될 줄은 상상도 못 했다. 실험실과 발사대 등 모든 시설을 만들어줬다. 1939년 스물일곱 번째 생일날, 히틀러가 발사대에 장착된 로켓을 참관했다. 원리를 상세히 설명하던 중 히틀러가 관심을 보이지 않는다는 느낌이 들었다. 나는 당황했다. 로켓의 군사적 용도를 설명했다. 히틀러는 딴사람으로 변했다. 귀를 쫑긋거리는데 두 눈에서는 빛이 났다." 폰 브라운은 카먼과 첸쉐썬의 청을 받아들였다. 미국행을 결심했다. 9월 16일 새벽, 대형 수송선 한 척이 뉴욕 항에 모습을 드러냈다. 선상에는 귀국 병사 수천 명과 독일 교향악단으로 위장한 로켓 전문가 120명이 타고 있었다.

첸쉐썬의 독일 체험은 효과가 있었다. 시야가 넓어지고 학문적으로 얻은 것이 많았다. "귀국길에 영국과 프랑스를 둘러봤다. 프랑스는 만신창이였다. 그 와중에도 공군 건설에 열중이었다. 영국에서는 독일 로켓의 위력을 눈으로 확인했다. 독일의 제조 능력은 미흡하다는 생각이 들었다. 일단 명중하면 파괴력이 상당했지만, 명중률이 높지 않았다. 미국이 따라잡는 건 시간문제였다."

1945년 4월, 미군 장교 신분으로 독일에 도착한
첸쉐썬(오른쪽 넷째)과 고문단 단장 카먼(오른쪽 여섯째).

카먼은 원만한 성격이 아니었다. 대학 측과 마찰이 많았다. MIT의 초빙을 받아들였다. 첸쉐썬도 칼텍을 떠났다. MIT는 첸쉐썬을 존중했다. 정교수와 종신교수 임명장을 동시에 줬다. 37세, 개교 이래 최연소 종신교수였다. 카먼의 추천서를 소개한다.

"첸쉐썬은 동년배 중 가장 뛰어난 과학자 소리를 듣기에 부족함이 없다. 성숙한 인격과 조직능력도 갖췄다. 지식과 도덕에 대한 충성은 전심전력, 과학에 대한 봉헌을 가능하게 했다."

1947년 여름, 첸쉐썬은 부친의 위장수술 소식을 접하자 일시 귀국했다. 중국은 국·공내전이 한창이었다. 후쭝난이 지휘하는 국민당군 23만이 홍색수도 옌안을 점령했고 중공도 전략을 수정, 반격에 나섰다. 상하이도 예전 같지 않았다. 화류계의 홍등만 여전할 뿐 물가가 전쟁 전에 비해 1만 2,000배나 폭등했다.

국민정부는 첸쉐썬의 귀국을 반겼다. 여러 대학에서 불렀지만 첸쉐썬은 모두 거절했다. 귀국 목적을 아무에게도 말하지 않았다.

꽃도 들고 올 줄 모르는 남자의 구애

1947년 여름, 12년 만에 귀국한 첸쉐썬에게 모교 자오퉁대학과 칭화대학 등에서 강연 요청이 빗발쳤다. 베이징대학 총장 후스가 공학원 원장을 제의하자 교육부도 가만히 있지 않았다. 언론기관에 첸쉐썬을 자오퉁대학 총장에 내정했다고 발표해버렸다. 카먼의 회고록을 인용한다.

"훗날 다른 사람이 내게 말해줬다. 첸쉐썬은 모교와 베이징대학의 초빙을 미국에서 더 연구할 게 있다며 완곡하게 사양했다. 내게 보낸 편지는 국민당 정부가 너무 무능하고 부패했다며 짜증 섞인 투였다. 이런 정부를 위해서는 아무것도 하고 싶지 않다고 했다."

헤어질 때 열여섯 살이었던 장잉도 다시 만났다. 독일과 스위스에서 성악을 전공한 장잉은 성황리에 끝난 독창회 덕에 유명인이 되어 있었다. 장잉은 아버지 장바이리가 첸쉐썬을 사윗감으로 점찍은 사실을 몰랐다.

"아버지는 쉐썬에 대해 나름대로 생각해둔 바가 있었다. 내가 독일에 있을 때 미국에 간다며 내 사진을 들고 갔다. 쉐썬에게 주려 한다는 말은 하지 않았다. 신문을 통해 귀국한 것을 알았지만 별 관심은 없었다. 쉐썬은 서른여섯 살이 되도록 여자친구가 없었다. 나는 그 말을 믿지 않았다. 하루는 쉐썬의 부친이 우리 엄마에게 장잉에게 남자친구가 있냐고 물었다. 엄마는 아주 많다고 했다. 틀린 말이 아니었다. 실제로 나를 따라다니는 남자들이 많았다. 그렇고 그런 사람들이라 성에는 차지 않았다. 쉐썬도 마찬가지였다. 오죽 주변머리 없으면 그 나이 되도록 혼자인가 싶었다."

첸쥔푸는 매주 아들 쉐썬과 함께 먹을 것을 들고 장잉의 집을 찾

결혼 9일 후,
미국으로 돌아가는 첸쉐썬을 전송하는 장잉.
1947년 9월 17일, 상하이.

아갔다. 주변에서 장잉에게 부탁했다. "쉐썬에게 여자친구 한 명 소개해줘라." 장잉은 언니와 함께 적당한 사람을 물색했다.

첸쉐썬은 장잉이 소개해준 여자에게 흥미가 없었다. 장잉은 난처했다.

"쉐썬은 올 때마다 우리 엄마를 만나러 왔다고 했다. 하루는 쉐썬이 돌아가자 엄마가 나를 불렀다. 쉐썬이 뻔질나게 오는 이유를 설명하며 나를 나무랐다. 나는 꽃도 들고 올 줄 모르는 남자는 싫다고 했다. 엄마는 무슨 말인지 금방 알아챘다. 네 아버지 같은 남자는 없다며 훌쩍거렸다. 아버지는 엄마와 결혼할 때 매화나무 200그루를 선물한 적이 있었다. 아버지가 쉐썬처럼 멋대가리 없는 남자를 왜 귀여워했는지 이해가 안 갔다."

장잉의 언니들도 첸쉐썬을 마땅해하지 않았다. "저런 남자와 가까이하면 큰일 난다. 죽을 때까지 고생만 하니 명심해라." 첸쉐썬은 끈질겼다. 매일 찾아와 앉아만 있다 가곤 했다. 하루는 무겁게 입을 열었다. "나와 함께 미국에 가자. 이번 귀국 목적은 단 하나, 너를 데리러 왔다."

장잉은 거절했다. "싫다. 편지나 주고받자." 첸쉐썬은 물러서지 않았다. 같은 말만 계속했다. 장잉이 투항할 기미를 보이자 큰언니가 끼어들었다. 언니는 미국에서 첸쉐썬과 같은 도시에 산 적이 있었다. 미국 시절, 어법학자 자오위안런(趙元任)에게 들었던 얘기를 해줬다. "자오 선생이 옆집에 사는 예쁘고 똑똑한 여자애를 쉐썬에

사망 2년 전, 장제스와 함께 시안에서
장쉐량에게 억류됐다 풀려난 직후의 장바이리.
1936년 12월 28일, 상하이.

게 소개했다. 쉐썬은 툭하면 약속장소에 나오지 않았고, 나왔다가도 급한 일이 생겼다며 연구실로 달려가기 일쑤였다. 자오 선생은 망신당하려면 쉐썬에게 여자를 소개시켜주라는 말을 자주 했다." 언니의 말을 들은 장잉은 첸쉐썬과 결혼을 결심했다.

장잉은 아버지 장바이리가 첸쉐썬이 태어나자 장차 사윗감이라며 좋아했던 이유를 알 턱이 없었다. 만년(晩年)에 두 집안 이야기를 술회했다.

"우리 아버지와 쉐썬의 아버지는 일본 유학을 마친 후 자주 왕래했다. 쉐썬은 외아들, 우리는 딸만 다섯이었다. 쉐썬의 엄마는 딸 많은 우리 엄마를 부러워했다. 정 부러우면 한 명을 줄 테니 고르라고 하자 셋째 딸을 달라고 했다. 나는 엄마 따라 쉐썬의 집으로 갔다. 이름도 첸쉐잉(錢學英)으로 개명했다. 다섯 살 때였다. 열몇 살이었던 쉐썬은 나와 잘 놀지 않았다. 내 기억에 쉐썬은 하모니카가 있었다. 내가 불어보려 하자 못 불게 했다. 울화통이 터져서 쉐썬의 아버지에게 일렀더니 나를 데리고 나가 새 하모니카를 사줬다. 아침에 일어나보니 쉐썬이 내 하모니카를 자기 것과 바꿔치기한 것을 발견했다. 그날 이후 얼굴만 마주치면 대판 싸웠다. 하루도 조용한 날이 없을 정도였다. 쉐썬의 엄마가 도저히 안 되겠다며 나를 다시 우리 집으로 데리고 갔다. 커가면서 쉐썬의 부모를 양아버지, 양어머니라 불렀다. 내가 중학생이 되자 쉐썬은 자주 놀러 왔다. 내가 피아노 치면 옆에서 노래도 불렀다. 미국으로 떠나는 날, 아버지와 함께 부두에 나갔다. 얼마

칼텍 공학원 교수 시절,
동료들과 토론하는 첸쉐썬(왼쪽 셋째).
1949년 8월, 칼텍 구겐하임
분기추진센터 문 앞.

첸쉐썬(뒷줄 오른쪽 첫째)은 우수한 중국 유학생들과
자주 어울려 조국 소식을 듣곤 했다.
재미 중국 과학 공작자 협회 회의에 참석한 첸쉐썬.
1949년 6월.

후 나도 독일로 가는 바람에 연락이 끊겼다. 아버지는 내가 사진을 찍으면 한 장씩 들고 갔다. 훗날, 쉐썬의 서재를 정리하다 보니 아버지에게 있어야 할 사진들이 쉐썬의 책갈피에 있었다. 멋쟁이 아버지가 쉐썬을 얼마나 사랑했는지 비로소 알았다."

장잉과 결혼식을 마친 첸쉐썬은 MIT 연구실로 돌아갔다. 1개월후, 장잉도 보스턴행 비행기를 탔다.

신중국 수립 소식 듣고 귀국 결심한 첸쉐썬

무슨 일이건 운(運)도 따라야 한다. 2년만 늦었어도 첸쉐썬의 출국은 불가능했다.

1847년 1월, 홍콩에 와 있던 미국 선교사가 스무 살이 채 안 된 중국청년을 데리고 귀국했다. 광둥의 빈농 집안 출신인 이 청년은 7년 후 예일대학에서 문학사 학위를 받았다. 미국 대학을 졸업한 최초의 중국인이었다. 중국으로 돌아온 청년은 청나라 정부에 제의했다. "중국이 부강해지려면 서구의 학술과 문화를 들여와야 한다. 어린애들로 구성된 관비유학생을 미국에 파견하자." 고관이나 돈 많은 집안 자식들은 과거 준비에 여념이 없었다. 평범한 집안 자제 120명을 선발해 미국으로 보냈다.

20세기에 들어서자 청 제국은 신정(新政)을 실시했다. 과거제 폐지와 학교 설립, 해외 유학을 장려했다. 청년들은 새로운 것을 배우겠다며 짐을 꾸렸다. 90퍼센트 이상이 가깝고 저렴한 일본으로 몰려갔다. 이 시기의 유학생들은 정치의식이 강했다. 정치학, 법학 등을 공부하며 반청(反淸) 혁명에 뛰어들었다. 제대로 된 대학 교육 과정을 이수한 사람은 극소수였다.

청나라가 멸망하고 민국이 수립되자 서구문화에 대한 열등감이 고개를 쳐들기 시작했다. 미국과 유럽 쪽으로 중국청년들이 많이 몰렸다. 귀국하면 적어도 대학 교수 자리는 꿰찼다. 우수한 사람도 많고, 엉터리도 많았다. "저것들 때문에 세상만 더 시끄럽고 복잡해졌다"는 불평도 심심치 않았다. 1930년대 중반까지 약 15만 명이 해외 유학을 마치고 귀국했다.

1937년, 항일전쟁이 시작되자 국민정부는 해외 유학을 중지시켰다. 앞서 2년 전 관비유학생으로 뽑혀 미국 유학을 떠난 첸쉐썬은 행운아였다. 태평양전쟁이 발발하자 중국과 미국의 관계가 긴밀해졌다. 최고 지도자 장제스는 전후 건설에 투입할 과학인재 결핍을 우려했다. 정부기관에 직접 지시했다. "교육부는 유학생 파견 10년 계획을 수립해라. 각 부처는 이공 계통에 종사할 중간 간부 숫자를 필요한 만큼 파악하고 충당 방안을 제출해라. 선발된 인재들에게 모든 지원을 아끼지 않겠다."

공산당도 기회를 놓치지 않았다. 국민당 정보기관의 눈을 피해가며 지하당원과 진보적인 청년 중에서 우수한 이공계 학생들을 선발했다. 정식으로 교육부가 실시한 유학시험에 응시케 했다. 거의 대부분이 합격해 중국을 떠났다. 1949년 10월 1일, 마오쩌둥이 천안문 성루(城樓)에서 중화인민공화국 건국을 선포했을 때, 미국에 와 있던 중국 유학생은 6,200명이었다. 그중 80퍼센트 이상이 이공계였다.

정권을 장악한 중공은 과학기술 인재가 필요했다. 장제스의 과학인재 양성 정책으로 미국에 체류 중인 과학자들의 학업이 거의 끝났을 때였다. 총리 저우언라이는 중공 남방국 지휘 시절 국민당에 잠입시켜 미국 유학에 성공한 과학자 한 사람을 귀국시켰다. 재미 유학생 동향을 보고받자 명단을 주며 즉석에서 지시했다. "당이 파견한 과학자들이다. 돌아가서 이들과 접촉해라. 재미 중국 지식인들을 동원해서 일류 과학자들에게 신중국 건설에 참여하자고 설득해라."

저우언라이의 지시는 효과가 있었다. 피츠버그대학에서 '재미 중국 과학 공작자 협회' 회의가 열렸다. 첸쉐썬도 참석한 회의에서 지역 대표 50여 명은 "조국에 봉사하기 위해 귀국을 준비하자"고 결의했다. 저우언라이는 귀국 유학생 전담기구를 신설하고 베이징·상하이·우한·선양 등 대도시에 귀국한 과학자들이 묵을 숙소까지 마련해놓았다. 해외에 흩어져 있는 유학생들의 전공과 출신 성분도 파악해나갔다. 첸쉐썬이 미국 시민이 됐다는 말을 듣고 실망하지는 않았다. 첸쉐썬은 미국 시민권 취득 이유를 밝힌 적이 있다. 직접 이런 말을 했다.

"나는 추방당할 때까지 20년간 미국 생활을 했다. 초기 3년은 학생 시절이었고 나머지 10여 년은 일만 했다. 조국에 돌아와 동포들에게 충성할 준비 기간이었다. 정치적인 문제로 한동안 미국 시민이 된 적이 있었다. 국민정부가 타이완으로 패주한 후에도 미국은 국민당을 지지했다. 나는 국민당 정부가 발행한 여권을 소지하고 있었다. 타이완으로 가라는 요구가 빗발쳤다. 어찌나 집요하고 귀찮게 구는지, 미국 시민이 되는 것 외에는 피할 방법이 없었다."

평생 미국에 머물 생각이 없었다는 근거도 설명했다.

"미국인들은 퇴직 후를 위해 월급의 일부를 보험회사에 예치한다. 내게 예치 금액이 얼마냐고 묻는 사람이 많았다. 한 푼도 없다고 하면 이상한 표정을 지었다. 미국에 영주할 생각이 없었던 나는 이상할 게 전혀 없었다. 신중국 수립 소식을 접하자 귀국할 때가 왔다는 생각이 들었다."

1950년 6월 6일, 첸쉐썬은 평생 이날을 잊지 못했다. 칼텍 공학원 연구실에 낯선 사람들이 들이닥쳤다. FBI 신분증을 제시했다. 엄숙하기가 이루 말할 수 없었다. 미국 공산당원이라는 증거를 포착했다며 해명을 요구했다. 첸쉐썬은 부인했다. 곤혹스러운 생활이 시작됐다.

미국이 한 가장 멍청한 짓

1981년 2월, 전 칼텍 총장 두브리지(Lee Alvin DuBridge)가 첸쉐썬에 관한 발언을 했다.

"첸쉐썬은 미국의 매카시즘(McCarthyism)이 중국에 보낸 거대한 선물이었다. 전쟁 기간, 우리는 각종 항공과 분기추진 계획에서 그가 필요했다. 당분간 중국에 돌아갈 생각도 없었다. 연구 환경이 좋은 미국에 한동안 머물 계획이었다. 국·공내전이 중공의 승리로 끝날 조짐이 보이자 미국에 귀화했다. 비범한 사람이었다."

6·25전쟁 발발 1개월 전, 첸쉐썬이 두브리지의 집무실을 방문했다. "중국에 연로한 아버지가 있다. 손자를 보고 싶어 한다. 그간 국·공내전 때문에 갈 수가 없었다. 휴가를 허락해주기 바란다." 두브리지는 거절할 이유가 없었다. 다녀오라며 기간을 물었다. 첸쉐썬도 머뭇거리지 않았다. "정해진 바 없다. 아버지 건강만 회복되면 돌아오겠다. 몇 개월이면 족하다."

첸쉐썬이 조국을 방문한다는 소문이 학내에 퍼지자 동료 한 사람이 해군 참모차장 킴벌(Dan Kimball)에게 일러바쳤다. 킴벌은 첸쉐썬의 가치를 누구보다 잘 알았다. 절대 안 된다며 발을 굴렀다. "우리의 미사일 연구와 제조, 첨단무기 발전 계획에 참여한 사람이다. 미국의 가장 우수한 로켓 전문가 중 한 사람이기도 하다. 중국은 우리의 친구가 아니다. 무슨 수를 써서라도 저지해야 한다." 상원의원 매카시(J.R. McCarthy)가 미 국무부 내에 200여 명의 공산주의자가 있다며 명단까지 발표하는 바람에, 아인슈타인(Albert Einstein)이나 미국 원자탄의 아버지 오펜하이머(Robert Openheimer)까지 빨갱이로 몰릴 때였다.

FBI가 첸쉐썬의 행적을 추적했다. 칼텍의 마르크스 레닌주의 학습조 책임자 웨인바움(S. Weinbaum)을 체포했다. 웨인바움은 첸 쉐썬의 추천으로 분기추진실에 들어온 화학자였다. 두브리지의 회고를 소개한다.

"웨인바움은 미국 공산당원이었다. 첸쉐썬과 함께 엥겔스(Friedrich Engels)의 저작물을 읽으며 토론한 적이 있다고 실토했다. FBI는 첸쉐썬을 방문하기 전 내게 통보했다. 첸쉐썬에게 물었더니 그런 모임에 간 적이 있다고 했다. 순수한 사교 활동이었고, 어떤 방식이건 공산당에 가입하지 않았다며 웃었다."

같은 날 오후, 칼텍은 미 6군단 사령부가 보낸 비밀문건을 수령했다. "이 시간 이후 군사기밀을 요하는 연구에 첸쉐썬의 접근을 엄금한다. 헌병사령부가 발급한 비밀취급 인가증도 회수해라." 연구에서 손을 떼라는 것이나 다름없었다. 첸쉐썬은 마음이 급했다. 서적과 원고, 생활용품을 나무상자에 꾸렸다. 캐나다와 홍콩을 거쳐 아버지가 있는 상하이로 갈 심산이었다. 우선 짐부터 부쳤다.

두브리지는 첸쉐썬이 미국을 완전히 등질지 모른다는 생각이 들었다. 워싱턴에 가서 해군 참모차장 킴벌을 만나보라고 건의했다. 킴벌이 나서면 첸쉐썬의 신분을 회복시킬 수 있다고 믿었다.

킴벌은 노련했다. 걱정 말라며 변호사를 구해줬다. 말로 표현하기 힘들 정도로 겸손했다. 한숨 돌린 첸쉐썬은 귀국 비행기표를 구입했다. 변호사는 질질 시간만 끌었다. 귀국 날짜가 다가오자 다시 킴벌을 찾아갔다. "비밀취급 인가증이 없으면 미국에 머물 이유가 없다. 6일 후 조국으로 가겠다."

첸쉐썬이 돌아가자 킴벌은 어딘가 전화를 걸었다. "첸쉐썬은 미국 미사일 제작의 핵심기밀을 꿰뚫고 있다. 한 사람이지만 미국 해병대 5개 사단이 움직이는 것으로 보면 된다. 쫘 죽여버릴지언정 붉은 중국으로 보낼 수는 없다." 5년 후, 첸쉐썬이 베이징에 도착했을 때도 킴벌은 한마디 하는 것을 잊지 않았다. "첸쉐썬이 중국에 돌아가도록 풀어놓은 것은 미국이 한 일 중에 가장 멍청한 짓이다." 맞는 말이었다.

미국 이민국은 민첩했다. 워싱턴에서 빈손으로 LA에 돌아온 첸쉐썬을 구치소에 가둬버렸다. 면회 다녀온 두브리지가 기록을 남겼다.

"감옥이라고 할 것까지는 없었다. 쾌적한 작은 방이었다. 전등이 딸린 책상과 식탁도 멀쩡했다. 구금이다 보니 자존심이 상한 것 같았다. 미국을 위해 나름대로 봉사한 사람이다 보니 분할 만도 했다."

중국 과학원과 과학자 동맹이 항의 성명을 내고, 두브리지와 카먼도 백방으로 구명을 호소했다. 14일 만에 풀려난 첸쉐썬은 자유를 상실했다. 도청과 서신검열은 기본이고, 가는 곳마다 FBI가 따라다녔다. 미국이라면 넌덜머리가 났다. 중국이 첸쉐썬의 귀국을 요청할 때마다 미국 측의 답변은 한결같았다. "귀국을 희망하는 중국인 유학생들은 보내겠다. 첸쉐썬은 미국 시민이다. 본인이 귀국

1950년 8월, 첸쉐썬이 중국으로 보낼 짐을
수색하는 미 세관원과 FBI 요원.
몇 차례 뒤져도 기밀문건을 발견하지 못하자
첸쉐썬에게 돌려줬다.

을 바라지 않는다."

5년이 흘렀다. 하루는 카먼이 보내온 과일 상자 밑에 깔린 중문판 화보를 보고 깜짝 놀랐다. 마오쩌둥과 낯익은 노인의 사진이 있었다. 천수퉁은 아버지의 오랜 친구였다. 첸쉐썬은 천수퉁에게 편지를 보내기로 결심했다. 주소를 알 턱이 없었다. 아버지에게 보낼 편지를 작성했다. 감시원들은 중국 주소에 민감했다. 벨기에에 있는 처제 생각이 났다.

"첸쉐썬 돌려받은 것으로 충분하다"

1955년 6월 15일 밤, 첸쉐썬은 중국 전인대 부위원장 천수퉁에게 보낼 편지를 썼다. "수년 전 저의 착오로 미국 정부에 구류된 지 5년이 흘렀습니다. 그간 조국의 건설에 참여하고 싶다는 생각을 하루도 저버리지 않았습니다. 현재 제가 겪는 고충은 표현이 힘들 정도입니다. 미국은 귀국을 원하는 중국 학생들은 모두 돌려보냈다고 주장합니다. 우리 정부는 이런 말들을 믿어서는 안 됩니다. 저 외에도 조국에 돌아가기를 바라는 유학생이 많습니다. 저의 뜻을 정부에 전해주시기 바랍니다."

몇 년 전 『뉴욕타임스』에 실린 기사도 오려서 동봉했다.

"한때 칼텍 공학원의 저명한 로켓 전문가 첸쉐썬을 중국으로 추방하려 했다. 거의 동시에 이민국은 미국의 최고 이익에 불리하다는 이유로 출국을 허락하지 않았다. FBI는 중요 자료들의 중국 반출 기도 혐의로 첸쉐썬을 체포했다. 조사 결과 비밀 자료

전인대 부위원장을 역임한 천수퉁(陳叔統, 오른쪽)은
마오쩌둥이 존경하는 민주인사이자 저명한 서예가였다.
1954년 5월 1일, 천안문 성루.

는 없는 것으로 드러났다."

벨기에에 있는 처제 장화(蔣華)의 주소는 부인 장잉이 왼손으로 애들 글씨를 모방해서 썼다.

첸쉐썬이 발송 방법을 난감해하자 장잉이 꾀를 냈다. "마을 인근 대형 상점 찻집에 우편함이 있는 걸 봤다." 장잉과 함께 상점에 간 첸쉐썬은 문 앞에서 기다렸다. 부부가 장 보러 가면 남자는 상점에 들어가지 않는 것이 미국에서는 정상이었다. 뒤따라온 FBI 요원들은 첸쉐썬의 행동만 주시했다. 상점에 들어간 장잉은 주위를 살폈다. 보는 사람이 없자 민첩하게 우편함에 편지를 투입했다. 편지는 별 탈 없이 벨기에까지 갔다.

장화는 상하이에 있는 아버지 첸쥔푸에게 형부의 편지를 보냈다. 첸쥔푸도 지체하지 않았다. 곧바로 옛 친구 천수퉁에게 아들의 편지를 보냈다. 천수퉁은 총리 저우언라이를 찾아가 첸쉐썬의 편지를 보여줬다. 저우언라이가 황급히 외교부에 지시했다. "중·미 회담이 열리는 제네바로 보내라. 미국이 중국인의 귀국을 방해하는 증거가 이 안에 있다."

1954년 4월, 19개국 대표들이 제네바에 집결했다. 흐지부지 끝날 무렵, 중국 대표단이 기자간담회를 자청했다. "미국 정부는 우리 교민과 유학생들을 무리하게 억류하고 있다. 미국과 직접 담판하고 싶다"며 대사급 회담을 제의했다. 미국 측도 동의했다. 중국은 폴란드 대사 왕빙난을, 미국은 판문점 회담에도 참여했던 체코 대사 존슨(U. Alexis Johnson)을 대표로 지명했다.

1955년 8월 2일, 두 번째 중·미 대사급 회담에서 존슨이 중국 측에 억류된 미국 교민과 군인 명단을 내밀었다. "이 사람들이 조속한 시일 내에 미국으로 돌아올 수 있도록 기회를 주기 바란다." 왕빙난이 입을 열었다. "어려운 문제가 아니다. 쌍방의 성의가 중요하다. 중국에 있는 미국 교민들은 중국 법률만 준수하면 보호받을 수 있다. 중국 경내에 거주하며 합법적인 직업에 종사할 수 있다. 형사나 민사 사건에 관련되지 않았다면, 언제든 출국이 가능하다. 중화인민공화국 성립 이래 미국 교민 1,485명이 중국을 떠났다. 현재 남아 있는 극소수는 간첩이나 파괴활동으로 체포된 사람들이다. 그들은 자신의 행동에 대한 대가를 치러야 한다. 오늘 받은 명단은 충분히 검토하겠다. 다음 회담 때 미국에 억류 중인 중국인 유학생 귀국 문제와 함께 답하겠다."

세 번째 회담에서 왕빙난은 첸쉐썬을 거론했다. "신중국 성립 소식을 들은 첸쉐썬은 조국의 품을 그리워한다. 미국 정부는 그를 억류하고 위협했다. 우리는 이런 사람들을 보호할 책임과 의무가 있다." 존슨은 미국 법률을 거론했다. "6·25전쟁 기간 미국은 로켓과 원자탄 제조에 관련된 중국인의 출국을 법률로 금지한 바 있다." 왕빙난도 맞받았다. "무리한 규정은 폐기시켜야 한다."

첸쉐썬이 천수퉁에게 보낸 편지를 전달받은 왕빙난은 존슨에게 비밀 접촉을 제의했다. 제네바의 조용한 카페에서 존슨을 만난 왕빙난은 첸쉐썬의 편지를 읽어줬다. 며칠 후, 대사급 회담이 열렸다. 시작과 동시에 왕빙난이 성명서를 읽어 내려갔다. "중국 정부는 미국 간첩 11명을 석방하기로 했다." 다음 날 회의에서 왕빙난은 미

중·미 대사급 회담장의
왕빙난(왼쪽 둘째)과 존슨(오른쪽 둘째).
1955년 8월, 제네바.

연금 시절의 첸쉐썬.
1954년 봄, LA.

국에 억류 중인 중국인 명단을 존슨에게 전달했다. 첸쉐썬의 이름이 맨 앞에 있었다.

무료한 나날을 보내던 첸쉐썬은 베이징의 천수퉁이 보낸 전보를 받았다. "네가 보낸 편지는 잘 받았다. 제네바 주재 미국 대사가 너에 대한 모든 금지는 취소됐다고 우리 측에 통보했다. 귀국 날짜를 알려주기 바란다. 어려운 일이 발생하면 바로 연락해라."

스승이며 동료였던 카먼이 제일 기뻐했다. "너는 학문적으로 이미 나를 추월했다. 조국으로 돌아가면 더욱 분발해라. 과학은 국경을 가릴 필요가 없다." 훗날 저우언라이는 이런 말을 했다. "중·미 대사급 회담은 세계 외교사에 남을 마라톤 회담이었다. 15년간 136차례 열렸다. 실질적인 성과는 없었지만, 첸쉐썬을 돌려받은 것 하나만으로도 충분한 가치가 있었다."

원자탄이라는 괴물

"우리를 무시하고 공격하면 방어하고 반격해야 한다. 그러려면
더 강해져야 한다."

무시당하지 않으려면 핵보유국이 되어야 한다

덩샤오핑이 이런 말을 했다고 한다. "만약 1960년대에 원자탄과
수소폭탄, 인공위성을 발사하지 못했다면 중국은 대국 대열에 끼
지 못하고, 지금과 같은 국제적 지위를 누리는 것도 불가능하다."

1945년 8월 6일, 미국이 일본 히로시마(廣島)에 인류 최초의 원
자탄을 투하했다. 3일 후, 나가사키(長崎)에서도 같은 일이 벌어졌
다. 20여만 명이 사망하고, 두 도시는 쑥대밭이 됐다. 옌안의 중공
중앙 기관지『해방일보』(解放日報)가 원자탄 투하 소식을 1면에 보
도했다. "불길이 하늘 끝까지 치솟았다. 모든 생물이 타 죽었다."

마오쩌둥은 보도를 믿지 않았다. "말 같지 않은 기사"라며 신문
을 던져버렸다. 전화기 들고 보구(博古)를 연결하라고 호통쳤다.
마오쩌둥이 당의 군권을 장악하기 전까지 당을 대표하던 보구는
『해방일보』의 책임자였다.

『해방일보』는 일본 패망이 임박했다며 경축 분위기였다. 기자들
과 술잔을 나누던 보구는 마오쩌둥의 전화를 받고 얼굴이 창백해
졌다. 속사포처럼 퍼부어대는 후난 사투리가 어찌나 컸던지 방안에

중국의 핵무기 개발은 10년이 걸렸다.
1964년 10월 16일 오후 3시,
첫 번째 핵실험 성공에 환호하는 과학자들.

핵실험 과정을 기록으로 남기기 위해 동원된
8·1영화제작소 촬영팀.

있던 사람이 모두 들을 정도였다. "보구! 너 어디 명당자리라도 구해놨느냐? 이런 허무맹랑한 오보를 낸 이유가 뭐냐? 다른 동지들과 당장 이쪽으로 와라." 보구와 편집 간부들은 한 시간 이상 마오에게 꾸지람을 들었다. "더 이상 원자탄의 위력을 과장하지 마라."

이튿날 미국 여기자가 마오쩌둥을 방문했다. 한담을 나누다가 원자탄 얘기가 나왔다. 여기자가 허수아비(scarecrow)라고 하자 마오는 틀렸다며 'Paper Tiger'가 맞다고 했다. "원자탄은 미국 반동파들이 사람 겁주려고 만든 종이호랑이에 불과하다."

4년 후인 1949년, 국·공내전에서 승리할 기미가 보이자 마오쩌둥은 원자탄에 관심을 갖기 시작했다. 저우언라이를 불렀다. "외국 출장 가는 물리학자 첸싼창(錢三强)에게 돈을 줘라. 프랑스에 들러서 원자탄에 관한 도서와 자료, 실험기구들을 깡그리 수집해 오라고 일러라."

8월 29일, 소련이 1차 핵실험에 성공했다. 10월 1일, 개국을 선언한 마오쩌둥은 소련을 방문했다. 체류하면서 평소 안 보던 영화를 많이 봤다. 핵실험 기록영화를 보고 잠을 설쳤다. 귀국 후 첫 번째 회의에서 원자탄을 언급했다. "소련에 간 보람이 있었다. 영화로 원자탄 실험을 보고 진땀이 났다. 미국도 있고, 소련도 있다. 우리도 소홀히 넘길 물건이 아니다. 원자력 연구를 전담할 연구소를 분야별로 20개 정도 만들어라. 미국·영국·프랑스·독일에 있는 중국 과학자들에게 귀국을 권해라."

프랑스에 있던 퀴리(Marie Curie) 부인의 딸 졸리오 퀴리(Joliot Curie)는 중국의 핵무기 개발에 관심이 많았다. 귀국을 결심한 방

사능 전문가 양청쭝(楊承宗) 편으로 마오쩌둥에게 전하는 편지를 보냈다. "원자탄을 반대하려면 원자탄을 보유해야 한다. 원자탄은 생각보다 무서운 물건이 아니다. 원리도 미국인이 발명한 것이 아니다. 나는 중국의 핵 연구를 지지한다." 적은 양이었지만, 직접 만든 라듐염도 양청쭝에게 선물했다.

집권 2년 차에 들어선 소련의 흐루쇼프가 대규모 대표단을 이끌고 중국을 방문했다. 양국 고위층 회담에서 마오쩌둥에게 거드름을 피웠다. "우리에게 요구할 것이 있으면 말해라." 마오는 기다렸다는 듯이 입을 열었다. "원자력과 핵무기에 흥미가 있다. 소련의 도움이 필요하다. 오늘 그 문제를 논의하고 싶다." 흐루쇼프는 손사래를 쳤다. "그 물건은 아무나 만드는 게 아니다. 돈도 많이 든다. 우리는 한 가정이나 마찬가지다. 우리의 핵우산 밑에 있으면 된다. 먹지도 쓰지도 못하는 물건에 돈과 힘을 낭비할 필요가 없다. 만든 다음에도 창고에만 처박아두고, 시간이 지나면 또 만들어야 한다. 그런 낭비가 없다."

마오쩌둥은 심사가 뒤틀렸다. 극비리에 중앙서기처 확대회의를 소집했다. 펑더화이와 함께 첸싼창과 과학원 부원장 리쓰광(李四光)을 대동하고 나타나 입을 열었다. "원자탄이 과연 필요한지를 토의하자. 나는 꼭 있어야 한다고 생각한다. 우리가 먼저 남을 공격할 일은 없다. 우리를 무시하고 공격하면 우리는 방어하고 반격해야 한다. 그것도 소극적이 아닌 적극적 방어라야 한다. 그러려면 어제보다 더 강해져야 한다. 비행기와 대포도 많아야 하지만 원자탄이 있어야 한다. 원자탄 끼고 있는 것들에게 무시당하지 않으려면 원자탄인지 뭔지 하는 괴물을 보유해야 한다. 이견이 있으면 말해라." 다들 마오의 기세에 눌렸다. 아무도 입을 열지 못했다.

마오쩌둥은 기분이 좋았다. "원자탄보다 더 중요한 것이 먹는 것"이라며 만찬을 제의했다. 마오의 오른쪽에 펑더화이, 왼쪽에 리쓰광이 앉았다. 첸싼창은 마오 건너편에 자리했다. 요리 네 개에 탕한 개가 기본이던 시절이었다. 이날은 달랐다. 마오가 손수 술을 따르고, 요리도 평소보다 두 개 더 많았다. 건배 제의도 직접 했다. 중국 핵무기 개발의 막이 올랐다.

어차피 써먹지 못할 물건

1959년 6월, 중공은 개국 상장(上將) 장아이핑(張愛萍)에게 원자탄 연구와 개발을 일임했다. 참모차장 겸 국방과학위원회 부주임 장아이핑은 당황했다. "감자 키우는 일이라면 모를까, 원자탄에 관해 아는 게 없다." 천이(陳毅) 원수가 달랬다. "모르기는 우리 모두 마찬가지다. 배우면 된다. 태어나면서부터 아는 사람은 없다. 우리나라에는 왕간창(王淦昌)이나 덩자셴(鄧稼先) 같은 세계적인 과학자들이 널려 있다."

장아이핑은 중국 과학자들의 수준에 눈이 동그래졌다. 1개월 후, "거국적인 지지와 지원만 있으면 1964년에 핵실험이 가능하다"는 보고서를 제출했다.

국무원 총리 저우언라이 책임하에 '원자탄 연구발전 중앙전문위원회'를 발족시켰다. 저우는 모든 권한을 중앙군사위원회 주임 녜룽전과 부주임 장아이핑에게 위임했다.

녜룽전의 회고록 한 구절을 소개한다.

"당시 중국의 과학계통 종사자는 190만여 명에 불과했다. 미국 320만여, 소련 250만여 명에 비하면 초라한 숫자였다. 쓸 만한 과학자는 1,200명 정도, 거의가 국민당이 남겨놓고 간 과학 분야 종사자와 신중국 수립 전후 귀국한 과학자였다. 이들 중에는 국내외에 저명한 인물이 많았다."

장아이핑의 예상은 정확했다.

1964년 10월 16일, 핵실험 현장지휘관 장아이핑은 새벽 3시 30분에 눈을 떴다. 6시 정각, 기상처장의 보고를 받았다. "기상이 호전됐다. 아무 문제없다."

장아이핑의 보좌관이 일기를 남겼다.

"뤄부보(羅布泊)에 정적이 감돌았다. 새벽에 운반된 원자탄은 철탑에 안착 중이었다. 베이징의 총리 집무실에 암호 전문을 보냈다. 머리 단정히 빗고 전문 보내는 추샤오제(邱小姐)의 옆모습이 아름다웠다. 원자탄이 제자리에 놓인 것을 확인하자 두 번째 전문을 보냈다. 추샤오제에게 자리를 뜨지 말라고 지시했다. 나를 빤히 보며 고개만 끄덕였다. 눈이 초롱초롱했다. 원자탄이 장착된 철탑은 가관이었다. 한 차례 둘러본 장아이핑이 입을 열었다. '통제실로 가자.' 이날 처음 한 말이었다."

출발 10미터도 못 가서 장아이핑이 차를 세웠다. 보좌관이 이유를 묻자 별일 아니라며 다시 출발시켰다. 훗날 보좌관이 정차 배경을 설명했다.

"장군은 촬영에 일가견이 있었다. 그날도 원자탄 옆에서 기념사진을 한 장 남기려 했지만, 평소 부대원들에게 비밀 엄수와 촬영 금지를 요구했던 탓에 포기했다."

통제실에 좌정한 장아이핑은 폭발 단추 누를 대학생 쪽으로 눈길을 돌렸다. 며칠간 잠을 설치다 보니 안절부절, 어쩔 줄 모르는 모습이 역력했다. 장아이핑은 불안했다. 통제실을 지휘하던 국방위원회 부비서장 손에 기폭장치를 풀 열쇠를 쥐여줬다. 이때 총리 집무실에서 전화가 왔다. "어떤 결과가 나오건 장아이핑이 직접 총리에게 보고해라."

오후 1시, 장아이핑은 60킬로미터 떨어진 관망대로 이동했다. 왕진창과 덩자셴, 주광야(朱光亞) 등 핵 과학자와 신장 군구 지휘관, 위구르 자치구 서기 등이 먼저 와 자리 잡고 있었다.

오후 3시 정각, 치바오(起爆, 기폭) 구령과 동시에 백광(白光)이 번쩍했다. 거대한 괴성과 함께 대지가 들썩했다. 불덩이가 갈라지며 버섯 모양의 붉은 구름이 하늘로 치솟더니 서서히 우윳빛으로 변했다.

핵폭발 30초 후, 장아이핑은 전화통을 들었다. 감정을 억누르며 겨우 입을 열었다. "방금 핵실험이 성공했다." 총리 저우언라이는

1960년대 후반, 개국원수(開國元帥) 녜룽전(가운데)과 함께
핵실험기지를 둘러보는 왕진창(왼쪽)과 주광야(오른쪽).

총리 저우언라이에게 제1차 핵실험 성공을
보고하는 장아이핑(오른쪽).
1964년 10월 16일 오후, 신장 위구르 자치구 뤄부보.

침착했다. "핵폭발이 확실한지 왕진창에게 확인해봐라." 장아이핑은 근처에 있던 왕진창에게 큰 소리로 물었다. "총리가 핵폭발이 맞는지 궁금해한다." 왕진창은 표정이 없었다. 성공이라는 말 대신 고개만 끄덕거렸다.

과학자들은 군인과 달랐다. 성공 여부를 함부로 단정짓지 않았다. 공병과 방화요원들에게서 "배치해놓은 탱크와 군함이 종잇장처럼 꾸겨지고, 그 안에 있던 원숭이와 토끼들에게 변화가 발생했다"는 보고를 받고서야 성공을 확신했다.

두 번째 전화를 받은 저우언라이는 "하오"(好)를 연발하며 기쁨을 감추지 못했다. "마오 주석과 당 중앙, 국무원을 대신해 원자탄 제조와 실험에 참가한 모든 동지에게 축하인사를 보낸다. 지금 주석은 인민대회당에서 소식을 기다리고 있다. 즉시 달려가 보고하겠다."

저우언라이의 보고를 받은 마오쩌둥은 냉정했다. "원자탄이 확실한지 상세히 조사해라." 긍정적인 답을 듣고도 여전했다. "계속 관찰해라. 어차피 써먹지 못할 물건이다. 미국이나 소련이 우리가 핵보유국이라는 것만 인정하면 된다."

재미있는 일화가 있다. 1985년 봄, 덩자셴의 병세가 악화됐다. 노벨물리학상 수상자 양전닝(楊振寧)이 병문안을 갔다. 원자탄과 수소폭탄 유공자에게 국가가 지급한 상금 얘기가 나왔다. 덩자셴의 부인이 10원을 받았다고 하자 양전닝이 경악했다. "농담 그만해라." 듣고만 있던 덩자셴이 한마디 했다. "집사람 말이 틀렸다. 원자탄 10원, 수소폭탄 10원, 모두 20원 받았다."

참고문헌

陳存仁, 抗戰時代生活史, 廣西師範大學出版社, 2005.

邵康慶 主編, 重慶舊聞錄1937-1945(1-11), 重慶出版集團, 2006.

中國社會科學院近代史研究所 編, 海外希見抗戰影像集, 山西人民出版社, 2015.

劉庭華, 中國抗日戰爭如第二次世界大戰系年要錄, 海軍出版社, 1988.

張憲文 主編, 日本侵華圖志(1-25), 山東畫報出版社, 2015.

耿飆, 耿飆回憶錄, 中華書局, 2009.

作家文摘二十年珍藏本(1-6), 中國出版集團, 2013.

高拜石, 古春風樓瑣記(1-14), 作家出版社, 2005.

中共中央黨史研究室 編著, 中國共産黨歷史圖志(1-3), 上海人民出版社, 2001.

有林 主編, 中華人民共和國史通鑑(1949-1995 全4卷18册), 當代中國出版社, 1995.

周明 主編, 歷史在這里浸思(1-6), 華夏出版社, 1987.

文池 主編, 思想的境界, 新世界出版社, 2002.

_____, 在清華聽講座(1-3), 中國社會科學出版社, 2001.

申騰 主編, 中國大學人文講演錄(1-3), 柯文出版社, 2001.

胡玲利 主編, 在北大聽講, 中國商業出版社, 2002.

林博文, 1949石破天驚的一年, 時報文化出版有限公司(臺灣), 2009.

程思遠, 白崇禧傳, 三聯書店(香港), 1989.

全國政協文史和學習委員會 編, 回憶陳儀, 2013.

王之相, 陳儀, 黎明文化有限公司(臺灣), 2014.

嚴如平, 陳儀全傳, 人民出版社, 2011.

褚靜濤, 二二八事件研究, 社會科學文獻出版社, 2012.

中央研究院(臺北)近代史研究所 編, 二二八事件資料選輯(1-6), 1992.

林德龍 編, 二二八官方機密史料, 自立晚報社文化出版部, 1991.

褚靜濤, 二二八事件實錄(上下)海峽學術出版社, 2007.

陳芳明 編, 二二八事件學術論文集, 前衛出版社(臺灣), 1989.

藍博洲, 王添汀, INK印刻文學生活雜誌社有限公司(臺灣), 2008.

龔選舞, 龔選舞回憶錄, 衛城出版, 2011.

吳相湘, 民國白人傳(1-4), 傳記文學出版社(臺灣), 1971.

鄭麗玲, 躍動的青春, 蔚藍文化出版有限公司, 2015.

楊明偉, 晚年陳雲, 中國出版集團, 2015.

葉永烈, 他影向了中國(陳雲全傳), 四川人民出版社 外, 2013.

林博文, 1949浪淘盡英雄人物, 時報文化出版有限公司(臺灣), 2009.

吳祖光, 二流堂里外, 鳳凰出版傳媒集團, 2008.

柏楊, 柏楊回憶錄, 人民文學出版社, 2011.

郁風, 故人·故鄉·故事, 生活·讀書·新知 三聯書店, 2005.

張光直, 番薯人的故事, 聯經出版有限公司(臺灣), 1999.

吳興鏞, 黃金往事, 時報文化出版有限公司(臺灣), 2013.

鄭南榕基金會, 綠島女生分隊及其他, 書林出版有限公司(臺灣), 2012.

張華 編, 百年中國社會圖譜(全10册), 四川人民出版社, 2003.

錢學森編委會 編, 錢學森, 人民出版社, 2012.

葉英烈, 走近錢學森, 上海交通大學出版社, 2009.

曾淑卿 譯, 日治臺灣生活史, 時報文化出版有限公司(臺灣), 2007.

岳南, 最後一代大師, 八旗文化, 2013.

〈人物〉編輯部 編, 中國科學的晨曦, 東方出版社, 2009.

楊奎松, 走進真實, 胡北教育出版社, 2001.

白先勇, 父親與民國(上下), 時報文化出版有限公司(臺灣), 2012.

柴晨清, 四大家族恩怨秘史, 台海出版社, 2011.

謝儒弟, 蔣介石的陪都歲月, 文匯出版社, 2010.

楊天石, 抗戰與戰后中國, 中國人民大學出版社, 2007.

戴安娜·拉里(Diana Lary) 著, 廖彥博 譯, 流離歲月(抗戰中的中國人民), 時報文化出版有限公司(臺灣), 2015.

蔡恒勝 等, 中關村回憶, 上海交通大學出版社, 2011.

陳廷一, 陳氏兩兄弟, 東方出版社, 2004.

劉北己, 故宮滄桑, 南粵出版社(香港), 1988.

吳瀛, 故宮塵夢錄, 紫禁城出版社, 2005.

馬克·奧尼爾(Mark O'Neill) 著, 張琨 譯, 兩岸故宮的世紀傳奇, 三聯書店(香港), 2015.

那志良, 典守故宮國寶七十年, 紫禁城出版社, 2004.

中國中共黨史人物研究會 編, 中共黨史人物傳(精選本1-16), 中共黨史出版社, 2016.

笑蜀, 大地主劉文彩, 廣東人民出版社, 2008.

江蘇省文史研究館 編, 館員文存, 2003.

中央文獻研究室 編, 任弼時傳(修訂本), 2004.

李六如, 六十年的變遷, 人民文學出版社, 2007.

曾業英 主編, 當代中國近代史研究, 中國社會科學出版社, 2014.

李新 總編, 中華民國史人物傳(全 8册), 中華書局, 2011.

____, 中華民國史大事記(全 12册), 中華書局, 2011.

간행물

傳記文學, 臺灣傳記文學出版社.

三聯生活周刊, 生活·讀書·新知 三聯書店.

名人傳記, 河南文藝出版社.

看歷史, 成都日報報業集團.

文化縱橫, 中國西部研究與發展促進會.

文史博覽, 中國人民政治協商會議湖南省委員會.

讀天下, 吉林省興林報業發展中心.

炎黃春秋, 中國藝術研究院.

文化月刊, 中華人民共和國文化部.

南方人物周刊, 南方報業傳媒集團.

人物, 新聞出版總署.

南都周刊, 南方報業傳媒集團.

中國新聞周間, 中國新聞社.

鳳凰周刊, 香港凤凰周刊有限公司.